W0249073

Wie klingt die Neue Mitte?

1. Auflage 2001
ISBN 3-930559-90-0

Lektorat: Gunther Weinell
Layout/Satz: Oliver Schmitt
Druck: Fuldaer Verlagsagentur, Fulda

VENTIL ▲ VERLAG
Büsser, Neumann, Schmitt, Weber, Weinell GbR
Augustinerstraße 18, 55116 Mainz
Fon: (06131) 2260-78, Fax: -79
mail@ventil-verlag.de, www.ventil-verlag.de

ein testcard-Buch

Martin Büsser

Wie klingt die Neue Mitte?

Rechte und reaktionäre Tendenzen in der Popmusik

VENTIL

Inhalt

Vorwort

»I ain't no nazi's friend!«
(THE DICKS)

»(We don't need) that fascist groove thang«
(HEAVEN 17)

Über »Rechtsrock« ist bereits viel geschrieben und berichtet worden. Vom *Spiegel* bis zu engagierten Antifa-Publikationen wie »White Noise« ist zum einen die Gefahr längst öffentlich gemacht, zum anderen das Netzwerk genauestens offengelegt worden. In dem Buch »Rock von Rechts II«, herausgegeben vom Berliner »Archiv der Jugendkulturen«, findet sich sogar eine ausführliche Auflistung sämtlicher indizierter Nazirock-Platten aus den letzten Jahren, die nicht nur Pädagogen und Soziologen, sondern schlimmstenfalls auch Fans dieser Musik als Fundgrube und Bestellservice dienen kann. Das emsige Zusammentragen von empirischem Material zeigt oft gerade dort, wo die Arbeit gut gemeint ist, gegenteilige Wirkung. Nicht, daß die Rechten es wirklich nötig hätten, ihre Information über Quellen wie den *Spiegel* oder pädagogische Reader wie »Rock von Rechts« zu beziehen – der informierte und organisierte Fan lacht über solche Recherchen nur, getreu dem Werbeslogan »Kaufen, bevor der Zensor zuschlägt«.
Problematisch ist eher, daß sowohl die bürgerliche Presse wie auch linke Publikationen bei der Behandlung dieses Themas gerne glauben, es würde im Sinne einer Entlarvung bereits genügen, das Netzwerk als solches einfach abzubilden. Die bloße Aufzählung, welche rechten Bands es gibt, wie ihre Parolen lauten, welche Vertriebe für ihre Verbreitung verantwortlich sind, liest sich meistens jedoch wie der verzweifelte Versuch, die Geister allein dadurch bannen zu wollen, daß man sie beim Namen nennt.
Im Mittelpunkt des öffentlichen Interesses stand und steht vor allem das Tabu »Nazirock«, also die eindeutig rechte Musik der neonazistischen Skinhead-Szene, deren Slogans so klar, eindimensional und erschreckend dumpf zugleich sind, daß man sich darüber im Sinne einer öffentlichen Gefahr ähnlich leicht entrüsten kann wie über Kinderpornographie. Entsprechend bezeichnend ist es, daß immer, wenn von der Notwendigkeit kontrollierender Instanzen in Bezug auf das Internet

die Rede ist – von Zensur also –, die Reizworte »Neonazi« und »Kinderporno« in einem Atemzug fallen. In dem Maße jedoch, in dem das Tabu Kinderporno vom eigentlichen Defekt der Gesellschaft ablenkt, von einem gestörten Verhältnis zur Sexualität, das Macht, Unterdrückung und Unterwerfung mit Lust gleichsetzt, lenkt die Warnung vor »Nazirock« davon ab, daß rechte Ästhetik und nationalistische Diskurse in dieser Gesellschaft längst hoffähig geworden sind und auch in den Pop-Mainstream Einzug gehalten haben. Die Warnung vor den Extremen wirkt da häufig nur wie ein Ablenkungsmanöver von der Tatsache, daß der Virus bereits die sogenannte Mitte erreicht hat und sich von dort aus munter in alle Richtungen hin ausbreitet.

Was dieses Buch also leisten möchte, läßt sich eher als Mentalitätsgeschichte der jüngeren Popentwicklung bezeichnen, die wiederum im Zusammenhang mit dem allgemeinen politischen Klima steht. Nazirock und rechte Skins spielen dabei eine nur untergeordnete Rolle. Ein Kapitel setzt sich mit dem Film *Oi! Warning* auseinander, der gerade deshalb interessant ist, weil er im Milieu der sogenannten unpolitischen Skins spielt. Das dort dargestellte Rollenverhalten sagt mehr über die Ursachen hierarchischen Denkens und das Zementieren von Identität aus als jeder STÖRKRAFT-Text, wo solche Wurzeln bereits plump politisch vereindeutigte Blüten hervorgebracht haben. Männliches Gehabe, das sich noch nicht das »Nazi« auf den Arm geschrieben hat, findet um so mehr breite Akzeptanz, je »unpolitischer« und zugleich jugendlich flippiger es sich zu verkaufen weiß.

Das Unpolitische an sich ist zum Virus geworden. Daß hoffnungslos veraltete Geschlechterbilder, Stereotypen von Macht und Männlichkeit in der Pop-, vor allem aber in der Rockmusik des neuen Jahrtausends wieder den Ton angeben, erschreckt gerade vor dem Hintergrund vermeintlicher Politiklosigkeit, die fast alle Vertreter stereotyp bekunden. Es dürfte allerdings kein Geheimnis sein, daß sich selbst solche Bands, die nur über Liebe, Eifersucht und gebrochene Herzen singen, auf jeweils spezielle Weise politisch positionieren.

»Wie klingt die Neue Mitte?« will aufzeigen, wie sich eine Musik, die über Jahrzehnte als links oder doch zumindest als emanzipatorisch wahrgenommen wurde, in die Mitte der Gesellschaft hat bewegen können oder sogar zu deren rechtem Rand hin; wie also Pop zur Leitkultur des als jung und hip verkauften, neoliberalen Kapitalismus hat werden können, gegen dessen Vorherrschaft wiederum nur noch ein verschwindendes, sich um seine Arbeitskraft betrogen sehendes Proletariat von rechts her protestiert.

Mitwirkende in dieser Farce sind ›ganz normale‹ Rocker wie BAP, die von der einstigen Warnung vor einer neuen »Kristallnacht« zu Verteidigern der Nato-

Bomben auf Jugoslawien wurden und die sich damit ähnlich entwickelt haben wie Joseph Fischer, der Theodor W. Adorno mit der Argumentation auf den Hund brachte, er müsse gerade deshalb zu Bomben greifen, weil er Auschwitz nicht vergessen könne. Mitwirkende sind die Retro-Romantiker und Nazi-Esoteriker der Gothik-, Dark-Wave- und Apocalyptic-Folk-Szene, aber auch all jene Vertreter der Mitte, die vom Wert und Erhalt einer spezifisch deutschen Popkultur so lange gefaselt haben, bis ihnen die »Neue Deutsche Härte« genau das Kuckucksei ins Nest legte, das dem ›spezifisch Deutschen‹ ebenbürtig war.

What's Pop?
Eine Begriffsbestimmung

Wenn von Rock die Rede ist, wissen alle mehr oder weniger, was damit gemeint ist, ganz gleich, ob es sich im Einzelfall um Jimi Hendrix, JUDAS PRIEST oder den Punkrock der RAMONES handelt. Um Rock wird es in diesem Buch auch an vielen Stellen gehen, um Rock als Protestform, als Ausdruck von Männlichkeit, als Ideologie, als Pose und vieles mehr. Trotzdem ist durchgängig vom Überbegriff ›Pop‹ die Rede. Den wiederum zu bestimmen, fällt wesentlich schwerer.

Die Bedeutungsvielfalt des Begriffs ›Pop‹, die von populärer Massenkultur bis zur Pop Art reicht, die also Stefan Raab ebenso wie VELVET UNDERGROUND bezeichnen kann, macht eine Begriffsbestimmung im Vorfeld nötig. Der Aktionskünstler Günter Brus hat bereits 1972 die Bezeichnung »Musik der Unbefugten« geprägt, die ich einer kurzen, allgemeinen Definition von Pop zugrunde legen möchte. Unabhängig von Kategorien wie Underground und Mainstream, also unabhängig davon, ob eine musikalische Äußerung nur hundert Hörer erreicht oder zum Gassenhauer wird, unabhängig auch von der Einteilung in Pop und Rock, ist alle Musik von Madonna bis Aphex Twin, von der Boygroup bis zum Industrial-Noise insofern »unbefugt«, als daß sie keinem akademischen Kontext entspringt, nicht aus einer klassischen Musikausbildung hervorgeht – und sie ist als »unbefugte«, den jeweiligen Marktgesetzen unterworfene musikalische Äußerung im weitesten Sinne Pop.

Diese Trennung mag etwas altbacken erscheinen, setzt sie doch so etwas wie »E«- und »U«-Kategorien voraus, hilft aber, den kleinsten gemeinsamen Nenner all dieser »unbefugten« Pop-Phänomene herauszuarbeiten: Die nichtakademische Musik entsteht jenseits eines tradierten Kanons, sie entsteht auf dem freien Markt und ist so ganz eigenen Verwertungsgesetzen unterworfen. Als Musik, hinter der keinerlei schützende Institution steht, ist sie von den Käufern abhängig. Und je nachdem, welche Zielgruppe angesprochen werden soll, bildet sie ganz eigene marktgerechte Formen aus. Wenn also eine Band ganz bewußt nur einen kleinen subkulturellen Kreis ansprechen will, kümmert sie sich auch um die entsprechende Gestaltung, wird also zum Beispiel mit einem handgemachten Artwork genau jenes Klientel erreichen, das keine Massenware kaufen will. Aber selbst solche Nischenphänomene sind Pop, nämlich Teil eines freien Musikmarktes, der nicht nur von Millionensellern, sondern auch von ständiger Nischenbildung und subkulturellen Verschiebungen lebt.

Popkultur ist diesbezüglich dialektisch: Auf jeden Mainstream-Erfolg kommen mindestens zehn Veröffentlichungen, die sich dem Mainstream bewußt verweigern. Punk und Disco, Industrial und Boogie sind einander bedingende Antipoden in ein und demselben kulturellen Feld. Selbst die marginalste, sich selbst mit Absicht marginalisierende Grindcore-Band kann insofern dem Pop zugerechnet werden, als daß sie sich nur dank der Tatsache, innerhalb von Pop-Parametern wahrgenommen zu werden, überhaupt von anderen abgrenzen kann.

Pop dient hier also als Überbegriff für vielfältige musikalische Ausdrucksformen, die einem ständigen Wandel ausgesetzt sind. Zu diesem Wandel gehört nicht nur, daß Underground und Mainstream durchlässige, einander in Sachen Absorption wie in Sachen Abgrenzung bedingende Kategorien sind, sondern daß die verschiedenen musikalischen Formen auch in politischer Hinsicht ständig von verschiedenen Interessengruppen neu besetzt werden. So stand zum Beispiel noch 1972 Rockmusik für Rebellion, individuelle Freiheit und Ausdruck eines allgemeinen Unangepaßtseins; zehn Jahre später dagegen war im *New Musical Express* bereits von »Rockism« die Rede: Rock galt nun als machohaft, autoritär, authentizitätsstiftend und ausgrenzend, weshalb das *Sounds*-Magazin anhand von Pop-Bands wie HAIRCUT 100 und HUMAN LEAGUE »neue Freiheiten für das Arbeiten mit Stil, Bild, Image« (*Sounds* 6/82) gegen das allgemeine Rock-Diktat einklagte.

Dasselbe gilt für den ständigen politischen Wandel, dem die einzelnen Subkulturen unterworfen waren und noch immer sind. Das Spektrum reicht da vom linksradikalen Skinhead bis zum rechts-esoterischen Goa-Anhänger, von »Gothics gegen rechts« bis zu nationalistischen Rappern. Wollte man all den einzelnen Fraktionen innerhalb einzelner Strömungen gerecht werden, wollte man sie also überhaupt nur alle benennen, müßte ein solches Buch in Erbsenzählerei ausarten und würde zugleich für eine Verwirrung sorgen, mit der niemandem gedient wäre. Deshalb sollen hier nur solche Strömungen wiedergegeben werden, die sich mehr oder weniger verallgemeinern lassen, also Tendenzen, die über Phänomene wie die örtliche Gruppe evangelischer Skinheads hinausreichen.

Wichtiger, als all den zum Teil kuriosen Trampelpfaden zu folgen, die im Laufe der Popgeschichte eingeschlagen wurden, ist es zu zeigen, wie attraktiv Pop in ökonomischer Hinsicht für die Neue Mitte und schließlich auch als Legitimationskultur der Neuen Mitte hat werden können, was bis zu so kruden, auf keinerlei Argumentation mehr aufbauenden Äußerungen wie »Auch Börse ist Pop« (Dieter Gorny) hat führen können, also zur Totalaffirmation des Kapitalismus mittels lapidarer

Pop-Verweise. Bis zum nächsten Nato-Einsatz unter dem Slogan »Auch Krieg ist Pop« ist es da nicht mehr weit.
Gerade das Amorphe, inhaltlich Unbestimmte, zu dem der Begriff Pop längst bis zur Unverbindlichkeit hin von den verschiedensten Seiten und Interessengemeinschaften her aufgebläht wurde, hat möglich gemacht, daß inzwischen alles unter Pop subsumiert werden kann, von der RAF (die in der Zeitschrift *Tussi de Luxe* für eine Modestrecke herhalten mußte) bis zum Slogan »Nazis sind Pop« (Burkhard Schröder), von der New Economy bis zum grauen Anzug von Joseph Fischer, den Mark Terkessidis in der *Spex* kurz vor den Bundestagswahlen 1998 schwärmerisch zum Glam-Phänomen erklärte.
Wo ein Begriff, der ursprünglich einfach nur eine bestimmte Musik bezeichnet hatte – also zum Beispiel die BEATLES und eben nicht Beethoven – und der damit auch eine ganz klare abgrenzende Haltung zum Ausdruck brachte – zum Beispiel für die Jeans und gegen die graue Hose mit Bügelfalten – zu etwas geworden ist, das je nach Belieben von nahezu jeder Seite her vereinnahmt werden kann (Wann werden Schlesiendeutsche Pop als Strategie für sich entdecken?), bedarf es einer genauen Analyse, die ständig aufs neue danach fragen muß, wer nun gerade Pop zu welchen Zwecken auf welche Weise instrumentalisiert. Seit Pop dafür herhalten kann, je nach Bedarf jegliche Gesinnung ästhetisch zu schmücken und auch noch dem reaktionärsten Muff eine glänzende Politur zu geben, ist es zugleich unmöglich geworden, das ganze Gerangel um den ›richtigen‹ Pop einfach zum Teufel zu wünschen und sich trotzig endlich wieder mit Dingen zu beschäftigen, die mehr Freude bereiten, mit der Lektüre von Robert Musil beispielsweise oder mit der Musik von Morton Feldman. Dies nämlich hieße, das Feld den ›anderen‹ zu überlassen und eskapistisch einer Sache zu frönen, die immer schon ideologisch dermaßen unbedenklich und unvereinnahmbar war, daß sie zugleich auch keinerlei Wirksamkeit zeigte – es sei denn, man würde noch auf eine sensiblere, bessere Menschheit hoffen, die dank plötzlicher, kollektiver Abkehr vom »Anton aus Tirol« und von Andrew Lloyd-Webber durch das Hören von Morton Feldman entstünde. Es hieße außerdem, all das für verloren zu erklären, was ja einmal de facto über Pop, und zwar *gerade über Pop*, an freiheitlichem, utopischem Gehalt transportiert wurde und in gewissen Kreisen und Nischen bis heute noch transportiert wird: Wege einer ganz spezifischen, sich immer wieder gegenüber feindlichen Übergriffen wappnenden Kommunikation, die einem Dieter Gorny seit jeher verborgen geblieben sind und es auch immer bleiben werden. So leicht es also auch fällt, Pop als Markensiegel zu verabschieden, das windige Gestalten wie Guido Westerwelle in den *Big Brother*-Container treibt – ein Markensiegel, das nebenbei gesagt nicht

verhindert, daß Gerhard Schröders Neujahrsansprache in der Erstausstrahlung auf MTV genauso muffig, öde, saturiert, also poplos fahl daherkam wie alle ARD/ZDF-Ansprachen, die Helmut Kohl vor ihm absolviert hatte –, so unsinnig wäre es, zugleich all die Momente einer *anderen* Popgeschichte mit zu entsorgen, für die noch immer im Sinne einer strammen Haltung gegen New Economy, Nato- und Nazi-Rock, männlichem Kräftemessen, Gangsta-, Tattoo- und Jugendlichkeits-Kult die Lanze gebrochen werden muß. Wer will ernsthaft Curtis Mayfield, THE LAST POETS, Robert Wyatt, GANG OF FOUR, die MEKONS, AFRICAN HEAD CHARGE, die SLITS, Saul Williams, THE RED CRAYOLA, die GOLDENEN ZITRONEN, TOCOTRONIC, SLEATER-KINNEY, Jim O'Rourke oder SQUAREPUSHER, um nur ein paar Namen zu nennen, die mir gerade wie Blitze liebgewonnener Erinnerung durch den Kopf schießen, ernsthaft dafür in die Tonne werfen, daß Pop völlig undifferenziert zur Ideologie der Sieger hat werden können, zum Post-89er-Argument westlicher Kulturkapitalisten: dank Pop ja schon immer freier, weiter, wettbewerbsfähiger und also überlegener gewesen zu sein?

Vor diesem Hintergrund erklärt sich, daß dieses Buch ganz offen Partei ergreift für eine Sache, die ich nach wie vor als »links« bezeichnen werde. So etwas bringt einem längst nicht mehr, schon gar nicht in der hippen Pop-Gemeinde, nur Freunde ein. Nach einem Vortrag zum Thema bezichtigte mich zum Beispiel einmal ein Hörer, ich solle doch zum Verfassungsschutz gehen. »Wer die Welt so in rechts und links einteilt«, sei dort bestens aufgehoben und habe »das rhizomatische Denken« verschlafen und mit ihm die »große elektronische Revolution«, die »Text und Politik« in der Musik endlich überflüssig gemacht habe.

Diese Argumentation ist natürlich etwas zu einfach. Es geht mir allerdings in der Tat nicht um die Forderung, daß eine Musik sich über Text positioniert, es geht mir nicht einmal darum, eindeutige Positionierung einzuklagen, denn die kann in vielerlei Hinsicht gerade bei Musik Peinlichkeiten zutage fördern, die besser verborgen bleiben würden. Fast alle eindeutig linken Positionierungen, die Pop in den letzten Jahren hervorgebracht hat, von ATARI TEENAGE RIOT bis zu RAGE AGAINST THE MACHINE (mit Einschränkungen) bestanden ausschließlich aus Platitüden und abgedroschenen Parolen. Es geht im Gegenteil um etwas, was Musik wesentlich besser kann als die politische Rede, nämlich um Verunsicherung im Umgang mit Erwartungshaltungen, etwa in der Frage von Geschlechterrollen und falschen Identitätsversprechen. »Das Denken muß parteilich sein und ist es immer gewesen«, hat Ernst Bloch in seinem Aufsatz *Parteilichkeit in Wissenschaft und Welt* (1951) geschrieben. Es fragt sich nur, so Bloch, wofür das Denken Partei ergreift, »ob für die Freilegung neuer Sozialbildungen oder für die Aufrechterhaltung einer niedergehenden Gesellschaft«. Diesen Worten folgend, wird dieser Text Partei gegen all jene ergreifen, die das bestehende »Survival Of The Fittest« im Pop fortsetzen und ihm dort zu Idolcharakter verhelfen, Partei also nicht einfach nur gegen die offenkundigen Rechtsrocker, sondern gegen all jene, die unter einem längst saturierten Verständnis von Provokation archaischen Bildern von Männlichkeit, Stärke und Zusammenhalt zu neuer Macht verholfen haben.

Wir erleben derzeit zwei gegenläufige Tendenzen innerhalb der Popkultur, die auch mit anderen kulturellen Entwicklungen korrespondieren. Während der Pop-Mainstream, alte Idole wie Madonna inbegriffen, teilnimmt am Globalisierungs-Programm oder sich doch zumindest bestens dafür instrumentalisieren läßt, das Image der New Economy unter freundlich liberalem Antlitz in alle Winkel der Welt zu senden, haben sich zugleich, vor allem im Rock, der bündischen Männerdomäne, lokale Gegentendenzen herausgebildet, die Identität im nationalen Rahmen mobilisieren und damit nicht minder erfolgreich sind. Ein Überfremdungs- und Überbevölkerungsangst schürendes Video wie »Die Flut« von Joachim Witt, das an offenkundiger Nazi-Propaganda nur um Haaresbreite vorbeigeschlittert ist, zeugt von jenem Wahnsinn einer Re-Territorialisierung, Re-Lokalisierung im Pop, dessen Ausdrucksformen LAIBACH wie keine andere Band schon vor mehr als fünfzehn Jahren warnend in Szene gesetzt hatten.

Auf der einen Seite also ist das Internationale am Pop von falscher Seite her vereinnahmt, auf der anderen Seite das Lokale zur schlimmstenfalls völkischen Abgrenzung hin ideologisiert worden. Was einmal die normalste Sache der Welt war, nämlich die Entstehung lokaler Szenen und ein damit einhergehender internationaler Austausch (zum Beispiel zwischen Weilheim/Landsberg und Chicago), polarisiert sich immer mehr zu einander bedingenden Strömungen, dem Kapitalismus einerseits und seinen Mikrofaschismen andererseits: Hier der von *Nike* und anderen Konzernen umworbene Pop als Esperanto eines *global village*, dort die Abtrünnigen, die endlich wieder eine »eigene Sprache im eigenen Land« sprechen wollen. Hier wie dort falsch verstandene Wege in eine keineswegs wünschenswerte Zukunft. Denn wo die »Aufrechterhaltung einer niedergehenden Gesellschaft«, als die Ernst Bloch sowohl den Kapitalismus wie den Nationalismus betrachtete, betrieben wird, bleibt nur, weiterhin die Symptome dieses Niedergangs beim Namen zu nennen. »Du sprichst fremde Sprachen im eigenen Land«, wie die FEHLFARBEN einmal gesungen haben, ist noch immer ein sehr schönes Bild für das, was Pop einmal ausgezeichnet hat, bevor er am Ist-Zustand hat teilhaben wollen. Und es ist vor allen Dingen der einzige Weg, im Stammeln und Fremdeln zur einzigen Form von Sprechen zu finden, die sich der Teilhabe nicht schuldig macht.

Rechte und reaktionäre Tendenzen in der Popmusik. Ein historischer Abriß

Let Love In – die Sechziger

Popmusik und rechte Ideologie haben sich lange Zeit ausgeschlossen. Bis in die Siebziger hinein wird sich wohl kaum ein nennenswertes Phänomen in Sachen Pop bzw. Rock finden lassen, das als eindeutig rechts bezeichnet werden könnte. Beispiele für staatstragende Gesten gibt es dagegen sehr wohl. Der berühmteste Fall dürfte die propagandistische Promotion gewesen sein, mit der Elvis beim Antritt seines Wehrdienstes als GI in Deutschland gefeiert wurde.

Auch sexistische, frauenfeindliche und homophobe Äußerungen und Songtexte sind von Anfang an keine Seltenheit. Ganz im Gegenteil: Ginge es darum, unter Gender-Gesichtspunkten zu betrachten, inwieweit Pop gängige Geschlechterbilder transportiert oder sogar verstärkt, ließe sich wohl gerade aus den ›liberalen‹ Sixties, wo Frauen im Business fast immer nur für ihre ›sexuellen Dienste‹ in Anspruch genommen wurden, ein Steinbruch an Zitaten abtragen.

Viele berüchtigte Äußerungen dieser Art finden sich bei Frank-»Titties & Beer«-Zappa. Der Musiker mit dem Image des Provokateurs hat sich gerne auch mal gegenüber Minderheiten im Ton vergriffen. »Bobby Brown« ist eine verächtliche Attacke gegen Transvestiten und Bisexuelle, Zappas hämische und altbacken unverständige Antwort auf Glamrock und schwule Discobands wie VILLAGE PEOPLE. Auf derselben Platte, *Sheik Yerbouti* (1979), findet sich mit »Jewish Princess« ein Stück, das frauenverachtend und antisemitisch zugleich ist oder doch zumindest so gelesen werden kann, wenn man den im Laufe der Jahre immer platter gewordenen Humor von Zappa nicht teilt. Anders gesagt: Selbst das hartnäckig von Zappa-Fans immer wieder ins Spiel gebrachte Argument, all die zahlreichen diskriminierenden

»Man war liberal und für die *Freiheit des Individuums* (Sex, Drogen), man markierte Opposition (gegen die verschiedensten Probleme, vorwiegend aber gegen den Vietnamkrieg), man hing *Utopien* nach. Diese naive, aber elektrisierende Verschmelzung von Kaufkraft und politischer Macht konzentrierte sich zwar in Amerika, fiel jedoch in den gleichen Zeitraum wie die gesellschaftliche Liberalisierung in Großbritannien, wo 1967/68 die Scheidungs-, Abtreibungs- und Homosexualitätsparagraphen gelockert wurden. Zu dieser Zeit hatte die Popkultur ihre größte Reichweite.«

Hanif Kureishi & Jon Savage: »Phänomen Pop«, in *Kunstforum international* # 134: *Art & Pop & Crossover*, 1996

»In Amerika entstand in den 50er Jahren das Konzept Jugend. Es war ein kapitalistisches Konzept, ein neuer Markt. Dieser Aspekt ist dem Konzept Jugend nie verloren gegangen: Es blieb ein kapitalistisches Konzept, aber es war trotzdem in der Lage, in einem progressiven und begrenzt antikapitalistischen Sinne geschichtsmächtig zu werden (...).«

Diedrich Diederichsen: »The kids are not allrigt«, in *Spex* 11/92

Äußerungen in seinen Songtexten seien ein ironischer Kommentar auf das Rockgeschäft selbst und daher fiktiven Sprechern in den Mund gelegt, kann nicht darüber hinwegtäuschen, daß solche Zeilen immer auch eine wörtliche Rezeption provozieren.

Abgesehen von solchen Tiefschlägen läßt sich aber verallgemeinern, daß Popkultur lange Zeit nicht nur gegenüber ›rechten‹ Tendenzen immun war, sondern daß sie sogar der herrschenden Staatsideologie, der ›rechten Mitte‹ von damals sozusagen, kritisch gegenüberstand. Alle Versuche beispielsweise, populäre Songs zu etablieren, die für den US-Einsatz in Vietnam werben sollten, sind zumindest bei jugendlichen Hörern gescheitert. Pro-US-Army-Platten wie *Up with People!*, unterstützt vom eisernen Dreigespann der Reaktion, John Wayne, Pat Boon und Walt Disney, suchten zur Blütezeit von Jimi Hendrix und GRATEFUL DEAD nicht ohne Grund ihr Publikum unter den unter Dreißigjährigen vergeblich.

Für eine gewisse Zeit war Popkultur sogar dermaßen mit der Linken und den Protestbewegungen verstrickt, daß die Politik aktiv wurde. Richard Agnew, der Vizepräsident von Richard Nixon, wirkte beispielsweise auf die Plattenkonzerne ein, nicht mehr in Underground-Zeitschriften zu inserieren, in denen zugleich auch positiv über die terroristische Vereinigung der Weathermen berichtet wurde. Die Firmen willigten ein.

In Deutschland wiederum war es alleine (und auch dies nur in wenigen Fällen) dem Schlager vorbehalten, die Stimme der Reaktion mobil zu machen, ein heute fast vergessenes Kapitel, in dem sich Freddy Quinn besonders unrühmlich hervortat. Mit »Wir« von 1966 entstand der erste und wohl auch einzige offen feindselige Anti-Hippie-Schlager in Deutschland, und noch im selben Jahr schob Freddy mit »Eine Handvoll Reis« den ersten Pro-Vietnamkrieg-Song nach.

»Wer will nicht mit Gammlern verwechselt werden?
Wir!
Wer sorgt sich um den Frieden auf Erden?
Wir!
Ihr lungert herum in Parks und in Gassen,
wer kann eure sinnlose Faulheit nur hassen?
Wir!
Denn jemand muß da sein, der nicht nur vernichtet,
der uns unseren Glauben erhält,
der lernt, der sich bildet, sein Pensum verrichtet
zum Aufbau der morgigen Welt.«

Freddy Quinn: »Wir«

Von solchen Randerscheinungen einmal abgesehen, kam der Popkultur im Deutschland der sechziger Jahre eine ganz besondere Bedeutung in Sachen Abgrenzung zu: Die neue Generation konnte einen symbolisch kaum wirkungsvolleren, unüberwindbareren Bruch gegenüber den meist noch national verseuchten

Werten ihrer Eltern setzen als durch die Aneignung einer fremden, kaum verstandenen Sprache und die Identifikation mit einer aus schwarzer Tradition hervorgegangenen Musik. Klaus Theweleit nannte das die »neue Sprechweise einer sexualisierten Frechheit«, die sich aus verschiedenen tabuisierten Sprachen zusammensetzte, darunter »die Sprachen des Marxismus« und der Psychoanalyse, wild gemixt mit »den Sprechweisen des Kinos und der Rockkultur«. Marx und Freud wurden ebenso adaptiert wie die »Sprache aus Elvis und Sprache aus Be-Bop, Sprache aus Coltrane«, weil sie allesamt »mit der verfolgten und ausgerotteten jüdischen Intelligenz« identifiziert wurden oder aber, »weil sie aus exterritorialen Bezirken kamen, öffentlich geächtete Sprachen und Klänge waren, ausländische Sprachen von Feinden, *undeutsche* Sprachen.«
Heute, zu einer Zeit, in der Pop für zahlreiche Formen der Identitätsstiftung herhalten muß, vor allem immer wieder der nationalen, erscheinen solche Sätze sonderbar fern, zwar plausibel, aber an eine lange zurückliegende Zeit verloren.

»Eine Handvoll Reis
gab es in Lao Than
für einen Tag pro Mann.
Dazu 300 Schuß Munition
und zum Appell generell
Stolz und Trauer
und die Grüße der
ganzen Nation.
Wir kämpften in unseren
Kolonnen
für Freiheit und Demokratie
und hinter uns rollten
die Tonnen
mit dem Whiskey der
Kompanie.«

Freddy Quinn: »Eine Handvoll Reis«

Bis in die siebziger Jahre hinein galt Popkultur also als emanzipatorisch, stand für sexuelle Befreiung, für ein neues, antikapitalistisches (und zugleich doch auf Konsum begründetes) Lustprinzip, das von der Allianz aus Kirche, Regierung und Militär als Bedrohung wahrgenommen wurde. Der jüdische Literaturwissenschaftler George Steiner ging 1971 sogar so weit, Pop (und mit ihm das subkulturelle Umfeld der ausgehenden Sechziger) als einzig legitime Kultur nach dem Holocaust zu bezeichnen. »Die Gegenkultur ist sich genau darüber im klaren, wo sie mit ihrem Zerstörungswerk anzusetzen hat«, schrieb Steiner in seinem Essay »In Blaubarts Burg«. »Die Aufrührer und die Freakouts haben das Gespräch mit einem kulturellen System abgebrochen, das sie verachten als einen grausamen, antiquierten Betrug. Sie wollen kein Wort mehr wechseln mit dergleichen. Akzeptiere auch nur für einen Moment die Konventionen gebildeten Wortaustauschs, und du bist gefangen im Netz der alten Werte und damit einer Grammatik der Leutseligkeit und Versklavung.«

Pop im Spiegel der Mission: »Frühere Produktionen von Bob Dylan oder der ROLLING STONES riefen oft noch zu offener Gewalt auf. Später zeigte sich diese eher im Gebaren der Musiker. Jimi Hendrix oder The WHO zerschmetterten Gitarren und Mobiliar auf der Bühne. Neuerdings ist es Mode, die Rechte des (jungen) Menschen zu betonen. So singt die bereits erwähnte N. Hagen: ›Ich habe keine Lust, meine Pflicht zu erfüllen! Für dich nicht, für mich nicht, ich habe keine Pflicht!‹ Frage an Dich: Wie steht es bei Dir mit Rechten *und* Pflichten? Wer steht in Deinem Leben im Mittelpunkt?«

Kapitel »Egozentrik und Rebellion« aus Urs Rotach: *Was du über Popmusik wissen solltest ...*, Haus der Bibel, Zürich o. J.

Die Hochkultur von Goethe bis Beethoven sei dadurch, daß sie zur offiziellen Kultur der Täter in Nazideutschland hatte werden können, dermaßen verbraucht, daß alleine die neuen Sprachen des Begehrens etwas formulierten, was gegenüber der Tätergeneration einen Schlußstrich setzte. Steiners progressives und quasi antifaschistisches Bild von Pop entstand aus einer eigenwilligen Dialektik heraus. Wenn die Mörder von Buchenwald fähig waren, nach getaner Arbeit Gedichte von Rilke zu lesen, so zeige dies, daß gerade die hochkulturelle Eigenschaft der Sublimierung vorm Inhumanen nicht schützte, sondern es geradezu förderte. Steiner sah also einen direkten Zusammenhang zwischen der Triebunterdrückung innerhalb der abendländischen Kultur und einem damit einhergehenden Bild vom »höheren Menschen« in Abgrenzung zur Konstruktion des »Untermenschen«.

Demgegenüber auf Pop als neue, lustvolle, nicht-sublimierte Kultur zu setzen, die sich per se gegenüber faschistischem Denken immun zeigt, ist natürlich eine wenig haltbare Überspitzung. Sie zeigt allerdings, mit welchen Gedanken und Hoffnungen die neu entstandenen Ausdrucksformen rund um Hippies, Psychedelic und Black-Power-Movement in den Sechzigern begleitet wurden. Selbst ein Kritiker wie Herbert Marcuse, der voraussah, daß die neuen sozialen Bewegungen dort, wo sie als Pop-Phänomene auftreten, sehr schnell von der Industrie geschluckt werden und im Sinne einer »repressiven Toleranz« nur das Gesellschaftssystem stärken würden, zeigte sich durchaus angetan von deren »freudiger Rebellion« und »Ausgelassenheit«.

»Diese schwarze Musik ist zum einen entsublimierte Musik, die die Klangbewegung direkt in Körperbewegung überträgt, zum anderen nicht-kontemplative Musik, die die Kluft zwischen Aufführung und Rezeption überbrückt, indem sie den Körper direkt (fast automatisch) in eine spontane Bewegung versetzt, die ›normale‹ Bewegungsmuster durch subversive Klänge und Rhythmen verzerrt und verdreht. Die Bewegung bleibt auf der Stelle, verweigert sich der Fort-Bewegung, ist freudige Rebellion, Ausgelassenheit ob der abgeschüttelten Hemmungen bei gleichzeitigem Bewußtsein von Unterdrückung und Erniedrigung, unmittelbare Explosion ohne die Zügel traditioneller Formen von Schönheit und Ordnung.«

Herbert Marcuse: »Musik von anderen Planeten«, 1968, in *Nachgelassene Schriften*, Bd. 2

Daß Popkultur politisch grundsätzlich links stand, wurde in den ausgehenden Sechzigern von niemandem angezweifelt. »Nichts ist mehr wie es war. Die Revolution geschieht täglich«, begann Paul Williams seinen Bericht vom Woodstock-Festival. Revolution? Paul Williams meinte nicht die Musik, sondern die Situation: »Nichts von der ganzen Musikberieselung in Woodstock bewegte mich so tief wie jeder x-beliebige Moment des Daseins im Publikum.«

Genau dieser Punkt ist entscheidend: Es wäre falsch, das emanzipatorische Element in der Musik von damals zu suchen oder zumindest darin ausdrücklich festmachen zu wollen. Die ROLLING

STONES singen bis heute die Lieder von damals, ohne daß daran noch irgend etwas Aufständisches zu erkennen wäre. Das, was an linkem, emanzipatorischem Gehalt in die Popkultur der ausgehenden Sechziger hineininterpretiert wurde, sieht man einmal von eindeutig agitatorischen Bands wie THE FUGS ab, lag fast nie im musikalischen Material selbst und nur selten in den Songtexten begründet, sondern wurde durch das damalige Umfeld bedingt. Popkultur wurde von den Fans und Gegnern in dem Maße als links angesehen, in dem sich die Kultur der westlichen Gesellschaft für einige Jahre generell eher links abspielte. Alles andere ist ein Mythos.

»I hate Pink Floyd«: Die Siebziger

Bereits Mitte der Siebziger war der Glaube an eine die gesellschaftliche Ordnung ›von unten‹ her erschütternde Popkultur vorbei. Apolitische Bands wie GENESIS, FLEETWOOD MAC und YES bestimmten den Markt. Deren live mit aufwendigen Lightshows zelebrierte Materialschlachten hatten nicht mehr das bedrohlich Fordernde, waren kein Aufruf mehr, nach einem anderen, intensiveren Leben zu suchen, kein »Show Me The Way To The Other Side«, wie es bei Jim Morrison hieß, auch kein »I Want The World – And I Want It Now« (Morrison), sondern eher ein »I Want The Show – And I Want It Now«: Sämtliche Forderung nach Intensität war im dargebotenen Spektakel geronnen, verwies nicht mehr über die Aufführung selbst hinaus. Die ausufernde Form kannte keinerlei Verheißung mehr, sondern gab selbst bereits vor, Erfüllung zu bieten.

Mit Art- und Progressive-Rock, aber auch mit dessen Metal-Spielarten bei Bands wie LED ZEPPELIN und DEEP PURPLE, trat die Rockmusik ihrerseits in die bürgerliche Kultur ein oder wetteiferte doch zumindest mit ihr, übernahm Virtuositäts-Ideale des neunzehnten Jahrhunderts mitsamt dessen illusionistischen Vorstellungen vom Gesamtkunstwerk. Alle Versuche, den Art- und Progressive-Rock politisch aufzuladen, wie es zum Beispiel bei MATCHING MOLE (einem Projekt rund um Robert Wyatt),

»1972, als ich mit meinen Recherchen anfing, war die Trennung von Rock und Pop bereits absolut, eine Trennung des musikalischen Geschmacks, die Klassenunterschiede wiederspiegelte: Einerseits gab es die Rockmusik der Mittelklasse – anspruchsvoll und elegant, besessen von bourgeoisen Kunstvorstellungen, eine Ansammlung von Sachverstand und Vorbildung; andererseits gab es den Pop der Arbeiterklasse – banal, einfach, ganz nach den Gesetzen des Erfolgs gestrickt.«

Simon Frith: »Sound Affects«, in *The Faber Book Of Pop*

»Ich wusste in meiner Anfangszeit in Düsseldorf noch nicht, was ich will, vom Styling her. Aber ich wusste genau, was ich nicht will. Es ging darum, da endlich mal wieder ein bißchen Schneid reinzubringen. Nicht immer diese Wuselnummer. Diese ganze Haschisch-abteilung. Mir ging das alles tierisch auf die Nerven.«

Xao Seffcheque, in Jürgen Teipel: *Verschwende Deine Jugend*, 2001

HENRY COW und den italienischen AREA der Fall war, fanden ihre Begrenzung darin, nur noch ein kleines, bildungsbürgerliches Publikum zu erreichen.

Die Behauptung, Pop habe sich innerhalb weniger Jahre selbst als bloß kommerzielles Spektakel entlarvt, wäre allerdings zu pauschal – zum einen war das Bewußtsein darüber, wie stark Kommerz und Ideal auseinanderklaffen, bereits zu Woodstock-Zeiten vorhanden, zum anderen kämpften die ganzen Siebziger hindurch Bands wie TON STEINE SCHERBEN genau gegen eine solche Tendenz (und konnten zugleich gerade wegen ihr eine vergleichsweise populäre Sonderstellung einnehmen). Allein die Erwartung, mit Pop zugleich auch eine Gegenkultur zu verbinden, hatte sich gelegt; FLEETWOOD MAC oder ELECTRIC LIGHT ORCHESTRA zu hören, drückte keine Zugehörigkeit zu einer gesellschaftlich als neu oder anders empfundenen Gemeinschaft mehr aus.

Mitte der Siebziger kam es dann auch zu einem der vielleicht gravierendsten Brüche innerhalb der noch jungen Popgeschichte: Mit einer komplett neuen Ästhetik brachen Punk, Industrial und New Wave mit nahezu allen musikalischen Ausdrucksformen, die den Mainstream der Mittsiebziger bestimmten. Auf illusionistische Texte folgte ein radikaler Realismus, auf die kunstmusikalische Verliebtheit in komplexe Arrangements von ausufernder Länge wurde mit kurzen, einfach strukturierten Songs und oft dilettantischer Roheit reagiert.

So zumindest ist die offizielle Lesart, wie sie in nahezu alle Bücher über die Entstehung von Punk Einzug fand. Sicher muß sie etwas relativiert werden, da keine neue Bewegung vom Himmel fällt und also radikale Brüche meist erst nachträglich als solche erscheinen oder dem Mythos zuliebe zu solchen stilisiert werden. Zum Anti-Hippie-Mythos des Punk gehört zum Beispiel das »I hate Pink Floyd«-T-Shirt, das John Lydon aka Johnny Rotten trug, als er Malcolm McLaren erstmals aufgefallen war. Lydon hatte über den Schriftzug eines offiziellen PINK FLOYD-T-Shirts die Worte »I hate« gekritzelt. Spitzfindig, aber nicht ganz unbegründet, merkte Simon Reynolds im *Wire* (7/01) an, daß Lydon sich dieses T-Shirt ja wohl irgendwann einmal gekauft haben mußte. Etwa nur, um es zu bekritzeln, oder vielleicht nicht doch, weil er zu einem nicht mehr eingestandenen Moment in seiner Biographie PINK FLOYD-Fan war?

Der Haß, den die neue Bewegung den Hippies entgegenbrachte, hatte natürlich auch sehr viel mit Enttäuschung zu tun, mit Desillusionierung und dem Gefühl, verraten worden zu sein. Die tatsächlich radikalen Aspekte der sogenannten Hippie-Ära sind einer so politisch aufgeladenen Bewegung wie Punk nämlich keineswegs entgangen. So haben zum Beispiel THE CLASH während ihres New-York-Konzerts 1981 Allen Ginsberg zu einem legendären Gastauftritt auf die Bühne gebeten. Eine Geste, die signalisierte, daß das ›Anti-Hippie‹ keine komplettes Zerwürfnis mit der Vorgängergeneration war, sondern nur dessen saturierten Ausläufern galt.

Niemand haßt, was einem egal ist. Der Punk-Haß auf ›die Hippies‹ läßt sich deshalb wohl auch nur durch eine insgeheime Zuneigung gegenüber jenen alten Hippie-Idealen verstehen, die während des Aufkommens von Punk zumindest im Musikgeschäft nicht mehr vorhanden waren. Auf das Verschwinden dieser Ideale reagierte Punk mit einer neuen Drastik, die Haß als Folie zur Forderung ähnlicher Ziele setzte, wie sie die Hippies mit Hilfe von Liebesschwüren hatten erreichen wollen. Wenn eine Punkband »Fuck the Police« sang, bestand der große Unterschied zum »Fuck the Police« von Tuli Kupferberg, dem Sänger der FUGS, allerdings darin, daß Kupferberg den Slogan tatsächlich noch wörtlich nahm, also ausdrücken wollte, man müsse den Cop einfach nur abknutschen und penetrieren, um ihn in seiner Haltung als starrer, verhärteter Ordnungshüter zu verunsichern.

Im Zuge dieser sehr komplexen Abgrenzung wurden mit Punk und Industrial auch zum ersten Mal innerhalb der Popgeschichte rechte Symbolik und rechte Ästhetik als Schockelement eingesetzt, und zwar tatsächlich: Symbolik und Ästhetik, nicht Ideologie. Das Hakenkreuz, mal als Armbinde und mal als T-Shirt getragen, aber auch andere Nazi-Accessoires, bekamen einen Chic, bei den NEW YORK DOLLS ebenso wie bei den SEX PISTOLS und bei SIOUXSIE & THE BANSHEES, der sich zumindest zum Teil über die hier angesprochene, eigenartige Dialektik erklären

»Dieser Aspekt der Polemik und der Pose verschleierte die wahre Wiederkehr des Verdrängten: Ein weißer, vorstädtischer, pubertärer Nihilismus, der seit den sechziger Jahren in Vergessenheit geraten war. Ebenso wie die Musik von jedem schwarzen Einfluß zugunsten eines monolithischen, unsynkopierten Sounds befreit wurde, verhießen einige der dazugehörigen Haltungen sowohl auf den Kitzel des Tabubruchs als auch auf einen üblen Beigeschmack aufgrund der möglichen Implikationen. Dennoch war diese Erkundung des Verbotenen im Punk der Ursprung seiner Macht.«

Jon Savage: *England's Dreaming*, 2001

»Gerade als erklärter Antichrist, Müll, menschlicher Abfall und apokalyptischer Reiter bekam die Nazi-Binde bei Punks eine moderne Identität: nicht als Zeichen der Identifikation mit politischen Zielen wie im Dritten Reich, nicht als Feindbild, dem man 1968 als Student gute, linke Moral entgegengesetzt hatte, sondern als Kommunikation, symbolischer Ausdruck eigener Zerstörtheit, die jede Moral weit hinter sich ließ.«

Ulf Poschardt: »Stripped. Pop und Affirmation bei Kraftwerk, Laibach und Rammstein«, in *Jungle World*, 12.5.99

»Der Film *Cabaret* war äußerst populär, und das Hakenkreuz war einfach etwas, was der himmlischen Dekadenz zusätzlichen Reiz verlieh. Die NEW YORK DOLLS waren viel zu launisch, als daß man Stimmigkeit von ihnen hätte erwarten können, deshalb war die ein oder andere Hakenkreuzbinde auf Thunders Arm einfach eine gute Metapher für die Absicht, Anstoß zu erregen. Aber die Ideen zogen in die Köpfe derjenigen ein, die ihnen nahestanden: *Viva Rock'n'Roll-Faschismus* schrieb Nick Kent Ende jenes Jahres (1973), während McLaren es einfach nur auf die Checkliste der Komponenten setzte, die die Dolls so großartig machten.«

Jon Savage: *England's Dreaming*, 2001

läßt. »Anger is an energy« (John Lydon): Haß (und also Häßliches, Tabuisiertes) wurde eingesetzt, um eine bessere, nichtfaschistische Gesellschaft ex negativo, also ohne Benennung von Idealen, zu proklamieren, da es nach dem Scheitern der Hippies als uncool defensiv angesehen wurde, auf die beschädigte Gesellschaft mit Blumen und Liebe zu antworten.

Im Gegensatz zu den eindeutig politisch engagierten Punks der zweiten Generation, Bands wie CRASS und DEAD KENNEDYS, arbeitete die erste Punk-Generation auf einer symbolisch aufgeladenen, wesentlich komplexeren Ebene, ließ eine ambivalente Lesart bewußt zu – und war damit zumindest auf ästhetischer Ebene auch wesentlich spannender als die spätere, inhaltlich eindeutige Ausrichtung.

Im Kontext von Punk war das Hakenkreuz 1976 ein äußerst wirksames Mittel der Verstörung, da es von Personen benutzt wurde, deren ganzer Habitus allem widersprach, was im Nationalsozialismus auch nur die geringste Überlebenschance gehabt hätte. Wenn hier potentielle Opfer, also zum Beispiel Leute wie die NEW YORK DOLLS – die vor allem dadurch seit Mitte der Siebziger berüchtigt waren, daß sie als Männer in Frauenkleidern auftraten –, die Symbole der Täter trugen, erzeugten sie einen performativen Widerspruch, der entlarvendere Reaktionen erzeugte, als wenn sie zum Beispiel mit Davidsternen oder rosa Winkeln aufgetreten wären. Schließlich wirkten das androgyne Auftreten ebenso wie Nazi-Symbole auf viele gleichermaßen abstoßend.

Diesbezüglich zeigten die NEW YORK DOLLS, deren Mix aus Glam, Boheme und Dilettantismus eine Weiterführung von Konzepten aus Warhols »Factory«-Kreis war, daß Pop in gewissen Situationen durchaus verstörender als jegliche andere Kunstform wirken kann. Wenn Warhol Selbstmörder, Serienkiller, elektrische Stühle und Autounfälle als Siebdruck-Motive in die Museen brachte, wurden die Motive bereits als etwas über das Medium Kunst Vermitteltes betrachtet, also als Interpretation goutiert und vom Publikum als ›Verstandenes‹ behandelt. Popmusik dagegen, die stets dem Mißverständnis ausgesetzt ist, eine authentische Sprache zu sprechen, kann gerade dadurch provozieren, daß die Träger von Symbolen mit jenen uneingeschränkt identifiziert werden – von den Fans meist ebenso wie von den Gegnern, aber auch von vielen soziologischen Interpreten (die Cultural-Studies-Tradition zum Teil eingeschlossen), sobald sie den Kunst-Aspekt von Pop vernachlässigen und glauben, von Symbolen direkt auf Haltung, Klasse und Intention schließen zu können.

Das Hakenkreuz im Punk: an ihm eröffnet sich ein dermaßen komplexer Spielraum an Interpretationen, wie er nur zu einer Zeit hat entstehen können, als Symbole im Pop sehr wohl noch mit Bedeutung aufgeladen waren, allerdings mit einer, die zwar immer etwas sagen wollte, nicht aber notwendig das, was sich auf den ersten Blick in sie hineinlesen ließ.

Dies ist ein wesentlicher Unterschied zum heutigen Pop, dem die Ambivalenz verlorengegangen ist (vielleicht waren LAIBACH ja die letzten großen Ambivalenz-Erzeuger) und der sich gerade dadurch der Ideologie verdächtig macht, daß er die Symbole als zu eindeutig begreift. So hat zum Beispiel der Regisseur des berüchtigten RAMMSTEIN-Videos »Stripped«, einer Collage aus Sequenzen von Leni Riefenstahls Olympiade-Film, beteuert, er habe bewußt darauf geachtet, nicht nur Hakenkreuze, sondern sämtliche Elemente rauszuschneiden, die auf den historischen Kontext verweisen. Genau diese Entkontextualisierung spricht der Nazi-Ästhetik jedoch einen zeitunabhängigen Reiz zu und enthebt sie sogar jeglicher politischer Dimension – eine Methode, die auch der Neuen Rechten im Umgang mit Nazikunst vertraut ist. Das Hakenkreuz in einem Kontext einzusetzen, der von jeglichem rechten Hintergrund frei ist, bezeichnet etwas völlig anderes, als das Hakenkreuz im Rahmen einer rechten Ästhetik verschwinden zu lassen.

Werbung für Nazi-Propaganda ohne Benennung des politischen Kontexts. Auszug aus dem Katalog des Werner- Symanek-Verlags: »Eines der interessantesten Themen der 30er und 40er Jahre ist sicherlich die Kunst in Deutschland. Während die Künstler dieser Epoche im Deutschland der Nachkriegszeit geächtet wurden, fanden sie internationale Anerkennung. Neben den vielen anderen Kunstgebieten, über die schon viel geschrieben wurde, wird die Fotografie als Stiefkind behandelt. Speziell die Aktfotografie, die ein ungeheures Mass an Ästhetik beinhaltet, erfährt zu wenig Anerkennung. In diesem Fotoband findet sich eine Auswahl der Bilder grosser Fotografen wieder. Zum Teil handelt es sich dabei sogar um ausländische Künstler, die gerade in dieser Zeit ihre Wahlheimat fanden: Deutschland.«

Werner Symanek, in *Literatur Info* 97/98

RAMMSTEIN in der Sprache rechter Vereinnahmung: »Adolf Schobert« (d.i. Alfred Schobert, Mitarbeiter am Duisburger Institut für Sprach- und Sozialforschung) »ist bestimmt der Meinung, daß RAMMSTEIN damit Nazikunst rehabilitieren, doch was schert uns das lasche Flüstern von Warmduschern, wenn martialische Männer, die dem Körperkult schon immer huldigten, nun ein Stück mit einem Video gemacht haben, das ihrer Philosophie perfekten Ausdruck verleiht?«

Thomas Fritsche, *Sigill*-Magazin

Zwischen bürgerlicher Avantgarde und Prollkultur. Annäherungen an Punk (erster Teil)

Am Ende von *The Great Rock'n'Roll Swindle*, Julian Temples unter der Mitwirkung von Malcolm McLaren gedrehtem Film über die SEX PISTOLS, torkelt der hagere Sid Vicious mir schwarzer Lederjacke und Hakenkreuz-T-Shirt durch die Straßen von Paris.

»Bei mir kam diese klare Wandlung, so mit Haare selber abschneiden – einfach mit der Schere rein und kurz schneiden – Anfang 77. Als ich zum ersten Mal mit dickem Vorhängeschloss um den Hals in die Schule kam, war das schon nicht so easy. Aber wenn ich mit meinen abgeschnittenen Haaren und selber durchlöcherten Hosen durch die Altsatdt gegangen bin: Ich bin angepöbelt worden! Ich bin verprügelt worden! Und das waren Leute zwischen meinem Alter und 60-jährigen Alten, die mir hinterhergeschrien haben: Unter Hitler wärste vergast worden.‹ Ich habe das oft erlebt. Das war normal.«

Jürgen Engler, MALE, später KRUPPS, in Jürgen Teipel: *Verschwende deine Jugend*, 2001

Er rempelt Passanten an, bedroht sie und bedient sich an den Konditoreiauslagen, ohne sie zu bezahlen. Derweil ist im Hintergrund »Anarchy pour le U.K.« zu hören, eine burleske, von Straßenmusikern mit Akkordeon vorgetragene Version des SEX PISTOLS-Songs »Anarchy In The U.K.«. Die Zeitebenen kollabieren: Einerseits wirkt Vicious inmitten der malerischen Altstadt wie ein gefräßiger, aus unheilvoller Zukunft gestrandeter Alien, andererseits ist seine Musik längst vor ihm angekommen – in Paris ertönt die SEX PISTOLS-Hymne als ein Volkslied aus alten, nostalgisch-revolutionären Zeiten.

Die Szene eskaliert in einem glamourösen Auftritt. Vicious steigt die Treppe zu einer gigantischen Bühne herab und gibt seine Version von Sinatras »My Way« zum besten. Im Publikum applaudieren honorige Herrschaften mit Monokel und Perlenketten, offenkundig einer Jacques-Offenbach-Szenerie entsprungen. Mitten im Song zieht Sid eine Pistole, schießt wahllos ins Publikum, trifft mehrere Besucher tödlich und verläßt daraufhin lustlos schlacksig die Bühne. Ende des Films.

Im Jahr 2001, anläßlich des 25jährigen Punkjubiläums, kam eine alte, von Musikjournalisten häufig gestellte Frage wieder auf: Entstand Punk wirklich 1976 in London, von Malcolm McLaren mit der Gründung der SEX PISTOLS hervorgerufen? Oder war McLaren nicht vielmehr von den USA inspiriert worden, wo Bands wie die NEW YORK DOLLS und die RAMONES bereits eine eigenständige Trash-Ästhetik ausgebildet hatten? McLaren selbst legt zugleich eine ganz andere Lesart nahe: Das Ende von *The Great Rock'n'Roll Swindle* läßt Punk zu einer französischen Idee werden. Und das heißt in diesem Fall: zu einem linksintellektuellen Boheme-Phänomen. Mit feiner Haßliebe ist Frankreich in diesen Sequenzen karikiert worden, wobei am Ende doch die Liebe überwiegt. Sid Vicious als situationistischer Streuner auf Stelzenbeinen, der das geflügelte Wort, die einfachste surrealistische Tat bestünde darin, unkontrolliert in die Menge zu schießen, am Ende als großes *Èpater le bourgeois* in Szene setzt, wird da zum letzten Vertreter einer kulturrevolutionären Tradition stilisiert, die von Baudelaire bis Breton, von Debord bis Genet reicht. Kurz: Punk in dieser Lesart besteht nicht aus Prole-

tariat und Gossensprache, sondern ist Teil einer alten avantgardistischen Tradition, die bürgerlich sein mußte, um das Bürgertum überhaupt so sehr hassen zu können.
Inzwischen sind diese Wurzeln von Punk jedoch beinahe in Vergessenheit geraten. Punk in der McLaren-Variante war einmal Angriff auf die Kulturindustrie mit deren eigenen Mitteln (die SEX PISTOLS waren nicht »independent«, sondern ließen sich über große Firmen vermarkten). Das Projekt SEX PISTOLS drückte einerseits die Verkommenheit des Gesellschaftssystems namens Kapitalismus aus und zeigte andererseits, wie verkommen bereits jeglicher Versuch war, die Gesellschaft mit Popkultur – mit Kunst überhaupt – verändern zu wollen. *The Great Rock'n'Roll Swindle* stellte Punk nicht nur mit seinem Titel, sondern auch mit all den darin manifesthaft aufgezeigten Lektionen einer Kommerz-Revolte als großen Schwindel dar, der im Grunde nur aufdeckte, wie der Kapitalismus selbst seine vermeintlich größten Gegner vermarkten kann. Für McLaren war Punk ein Spiel, das wenig bis gar nichts mit authentischer Jugendkultur zu tun hatte, sondern eher als Lehrstück in Sachen Manipulation diente, als das die treuherzig idealistischen CONFLICT Punk schließlich auch kritisierten: »Turning Rebellion Into Money.« Genau darum ging es.

»Die meisten dieser Leute kamen aus der Mittelklasse oder der oberen Mittelklasse. Sie waren sehr intelligent. Es gab keinen Grund, weshalb sie nicht in die Welt ihrer Eltern hätten eintreten sollen. Dennoch kehrten sie alle dieser Welt den Rücken, und das bedeutete eine Reihe sehr schmerzhafter Erfahrungen.«

Charlotte Pressler über die US-amerikanische Punk-Bewegung Mitte der Siebziger, in Jon Savage: *England's Dreaming*, 2001

Zu diesem ebenso zynischen wie aufklärerischen Spiel paßte das Hakenkreuz-T-Shirt, das Sid Vicious oft bei Auftritten getragen hatte, sehr gut. Das T-Shirt, gepaart mit all den anderen Symbolen, die von den SEX PISTOLS verwendet wurden – darunter auch die britische Flagge und das Konterfei von Karl Marx –, allesamt von Vivienne Westwood entworfen, hatte bereits darauf verwiesen, wie letztlich alles zum bloß noch oberflächlichen Spektakel verkommen war, wie sich Politisches nur noch auf leere Zeichen, auf Pop und Kommerz reduzierte. Kurz bevor Jean Baudrillard mit seiner »Simulakren«-Theorie in Mode kommen sollte, hatten die SEX PISTOLS bereits Postmoderne als große spätkapitalistische Leere einer nur noch auf Verweise aufbauenden Reizkultur in Frage gestellt.
Daß diese komplexe Lesart im öffentlichen Bewußtsein kaum

»Im Punk nahm das von Kunststudenten-Provokateuren benutzte Hakenkreuz etwa die Funktion eines Bekenntnisses zu Amoral und Nihilismus ein. Es richtete sich gegen Interpretation und war kein faschistisches, sondern ein Statement gegen Vereinnahmung, Interpretation, Moral, das niemand in der Bewegung der Jahre 76/77 falsch verstanden hätte; nach den ersten NF(National Front)-Punk-Annäherungen verwendete es niemand mehr.«

Diedrich Diederichsen: »The kids are not allright«, *konkret*-Version, 1993

»In den besten Punk-Singles herrscht das Gefühl vor, was gesagt werden muß, müsse sehr schnell gesagt werden, weil die erforderliche Energie und der Wille, es zu sagen, sich nicht lange beibehalten ließen. (...) In dem Risikohaften, das im Punk mitschwingt, liegt ein Mißtrauen gegen den Punk-Moment: Der Wille, alles zu sagen, verbunden mit dem Verdacht, das alles könnte eventuell gar nichts wert sein.«

Greil Marcus: *Lipstick Traces*

mehr präsent ist, liegt im Wesen von Punk als Popkultur selbst. Wie bei jedem Popphänomen sind Inhalte und Ästhetik einem ständigen Wandel ausgesetzt, der sowohl von der Straße wie auch von der Industrie vorgenommen wird. Ein Wandel zudem, der oft innerhalb nur weniger Wochen stattfinden kann.
Ich selbst habe mir *The Great Rock'n'Roll Swindle*, die Doppel-LP zum Film, bereits antiquarisch, im Second-Hand-Laden gekauft. Das muß etwa 1984 gewesen sein. Als ich die Platten herausnahm, mußte ich feststellen, daß der Vorbesitzer die Innenhüllen mit Hakenkreuzen – und zwar *ausschließlich* mit Hakenkreuzen – vollgeschmiert hatte.

Jon Savage wußte von der Ambivalenz, als er erzählte, daß er und seine Kollegen beim *New Musical Express* damals, als Punk losbrach, noch keine Ahnung hatten, welche Richtung diese neue Energie überhaupt nehmen würde. Da war erst einmal eine ungeheure Wut auf alles Etablierte. Eine Wut sowohl gegen das konservative und eher rechte Establishment von Politik, Medien und Wirtschaft, aber auch Wut auf deren linke Kritiker, die plötzlich ebenso alt und saturiert aussahen. Punk war erst einmal, wie es sich nach außen hin darstellte, zielloser Aktionismus. Kritiker wie Jon Savage kamen von Karl Marx, hatten die Schriften der Situationisten gelesen – für sie war klar, daß sie Punk in der Öffentlichkeit unbedingt als linke Agitation beschreiben mußten, um zu verhindern, daß die Sache kippte. Mit anderen Worten: Ein paar linke Journalisten waren Mitte der Siebziger händeringend darum bemüht, die neue Antiästhetik als Bestandteil einer linken Tradition zu definieren. Zu uneindeutig war die Stoßrichtung der anfänglichen Explosion, die sich kurz darauf ja auch in alle möglichen, entgegengesetzten Richtungen hin vereindeutigen sollte. Die Straßenvariante von Punk hat sehr schnell alle ironischen Pop-Art-Aspekte der SEX PISTOLS abgelegt und die ihr unbequeme, Widersprüche in Kauf nehmende Kunst-Haltung in eine um Authentizität bemühte Gesinnungskultur zurechtgebogen. Ohne daß die Plattenindustrie mithelfen mußte, hat ›die Szene‹ aus sich selbst heraus binnen kürzester Zeit für Vereinfachungen gesorgt, die Punk sowohl im Sinne linker Hausbesetzer-Praxis festschrieben (die Tradition von CRASS bis SLIME) wie auch im Sinne weißer, martialischer *Street Trooper*-Mentalität, die schließlich aus dem Punk heraus Nazi-Bands wie SCREWDRIVER und die BÖHSEN ONKELZ hervorbrachte. Das Ende vom Lied, Frankfurt am Main zu Beginn der Achtziger: Nach einem Konzert von SLIME werfen Skinheads vor der *Batschkapp* von einer nahegelegenen S-Bahn-Brücke aus Brandsätze gegen linke, sogenannte »Zecken«-Punks.

Nach der großen Verstörung, die von den SEX PISTOLS anfangs ausgelöst worden war und die vom Ansatz her Kapitalismuskritik im Sinne einer Kommunikationsguerilla tatsächlich weitergebracht hatte, sind sämtliche Formen der Vereindeutigung zur zuvor abgelehnten Hippie-Mentalität zurückgekehrt, so wenig sie sich das natürlich eingestehen würden. Mythen vom Zusammenhalt, der Glaube an die einzig wahre und authentische Subkultur, die als zwingend angesehene Verbindung von Musik und Weltbild rückten nicht nur die Punks und Skins der frühen Achtziger näher zusammen, als beiden hätte lieb sein können, sondern beide auch nahe an die ebenso authentisch auftretende, gesinnungstreue Ästhetik von Bettina Wegener, BOTS und BAP.

Unter der Berufung darauf, Soundtrack der neuen *Working Class* zu sein, verschwand schon um '78 jeglicher Boheme- und Warhol-Aspekt. Der britische Oi!-Punk bildete mit Bands wie THE 4 SKINS, RED ALERT und COCK SPARRER eine Gang-Ästhetik heraus, die außer einem besonders männlich-martialischen Auftreten wenig Inhalte zu bieten hatte. Aus dem Oi!-Punk – und zwar gerade dort, wo er sich noch nicht politisch vereindeutigt hatte – läßt sich sehr gut ablesen, wie rechter Gesinnung, bevor sie ausformuliert wird, bereits ein ganz bestimmtes Auftreten vorausgeht.

Wie politisch unausgegoren der Streetpunk anfangs auch in Deutschland war, zeigte die Kölner Band COTZBROCKEN ziemlich drastisch. Ihre Platte mit dem vielsagenden Titel *Jedem das Seine* von 1981 hatte ultralinke Nummern neben Stücken, die ganz klar als rechts gelten müssen, aber damals von vielen Punks bedenkenlos mitgegrölt wurden. Auf einer Nummer (»KZ«) identifiziert sich der Sänger mit den KZ-Opfern, brüllt, man sol-

»Es ist – leider – eben nicht Pose: das Rebellische, das Dissidente, das Authentische und der Außenseiterstatus, den die Rechts-Rocker für sich beanspruchen. Noch einmal: Man mag ihre Platten schlecht finden, körperliche Qualen beim Anhören erleiden, aber eines bestätigen sie nicht: daß die Führung einer Nazi-Organisation junge Funktionäre abgestellt hätte, um sich den Rock'n'Roll als Propagandawaffe anzueignen. Ich bin, wie gesagt, kein Kenner des Genres, aber die paar Stücke, die ich gehört habe, sind alles andere als kalkulierte Machwerke, unter Beachtung der formalen Konstruktionspläne des Rock'n'Roll eine Maschinerie zu bauen, um damit Rock'n'Roll-fremde Botschaften zu transportieren. Sie sind vielmehr überwältigend in ihrer naiven Dumpfheit und brutalen Direktheit.«

Gerald Hündgen: »Fourth Reich'n'Roll«, in *Soundtracks für den Volksempfänger*, 1993

»Deutschland ist nicht
mehr das, was es mal war
überall nur Türkenschar.
Niemand hat sie gefragt
Wann ist Deutschland in
Türkenhand?«

COTZBROCKEN: »Attatürk«

»Aber genauso wenig man seinerzeit bei markigen Schallplatten wie ›Heimatfront‹ der Leverkusener Band OHL oder ›Ruhm und Ehre‹ der Wuppertaler Skin-Formation DIE ALLIIERTEN lauthals aufschrie, wurde auch ein Hitler-Passpartout im Ausweis des Kölner COTZBROCKEN-Sängers nicht zum Anlaß dafür genommen, dahinter den Rekrutierungsversuch neofaschistischer Sturmtruppen zu vermuten. (...) Dabei waren es gerade Veranstaltungen wie das Konzert im Mai 81 in den Bonner Rheinterassen, die für das noch nicht ausdifferenzierte Nebeneinander der Subkulturen einen Endpunkt markierten: Da spielten neben der Punk Band FASAGA die Proll-Band COTZBROCKEN, die zitierten OHL, die Kölner STILLE HOFFNUNG und die FEHLFARBEN.«

Ralph Christoph: »Hitler's back in the Charts again«, in *Soundtracks für den Volksempfänger*, 1993

le ihn doch ins KZ werfen, den Ort, wohin die Spießer noch immer alle Unangepaßten wünschen; ein anderes Stück (»R.A.F.«) ist ein ziemlich platter Lobgesang auf die R.A.F. (»Willst du gegen diesen Staat etwas tun / dann dürfen die Waffen nicht länger ruhn«), eine weitere Nummer ein ebenso platter Angriff auf Hippies: »Überall nur langhaarige Kiffer, Kiffer, Kiffer – schlagt sie kaputt!«. Mit »Südkurvenpogo« gibt es eine Hooligan-Hymne (»Wir sind die Fans von FCK / Prügeln uns gerne und sind immer da«, denn: »der FC ist mein ganzes Leben / Nur er kann mir Freiheit geben«), mit »Attatürk« schließlich ein Lied gegen Türken, dessen Text mit dem grazilen Reim endet: »Sie wollen nicht aus Deutschland weichen / Denn hier gehören sie noch zu den Reichen.« Es folgt ein Gitarrensolo.

Die COTZBROCKEN-Platte erschien auf *Rock-O-Rama*, dem Label, dessen Betreiber Herbert Egoldt längst als Drahtzieher des braunen Rands bekannt ist. Anfang der Achtziger erschienen bei ihm Punkbands mit offen antifaschistischem Hintergrund (z. B. DIE ALLIIERTEN) ebenso wie zum Beispiel die BÖHSEN ONKELZ und wenige Jahre später auch STÖRKRAFT. COTZBROCKEN sind das beste Beispiel dafür, wie aus einer gewissen subkulturellen Märtyrerhaltung heraus, gepaart mit Intellektuellenfeindlichkeit, ein völlig indifferentes Gemisch entstehen kann, bei dem Songs gegen Nazis und Kapitalismus mit Songs gegen Ausländer einhergehen. Statt Ambivalenz, der Eigenschaft des frühen Punk, herrscht hier nur noch Widerspruch vor, da jede Nummer für sich genommen eindeutig und frei von allen ironischen Brüchen ist, sich also auch über die Gesamtheit der Platte keine ironische Brechung mehr ergibt.

Während einer Diskussionsveranstaltung in Aachen erzählte ein Besucher, daß innerhalb der Punkszene die These kursiert, es könne sich bei *Jedem das Seine* möglicherweise um eine Art Konzeptalbum handeln, dessen zynischer Titel wörtlich zu nehmen sei und sich an die verschiedensten Abspaltungen innerhalb der Punkszene richte. In der Tat bekommt auf dem disparaten Album nahezu jeder Punkstil seine klischeehaft stumpfe Hymne zugewiesen, der Sauf- und Fun-Punk ebenso wie linker und rechter Gesinnungspunk. Die Musiker von COTZBROCKEN waren allerdings viel zu wenig reflektiert, besaßen außerdem viel zu wenig Distanz zur Szene, als daß diese These auch nur annähernd Wahrscheinlichkeit besitzt. Und doch zeigt die Platte, die wegen »Südkurvenpogo« und »Attatürk« auf den Index gesetzt wurde, wie beliebig die politische Ausrichtung von Punk in dem Moment wurde, in dem sich die Bewegung über ebenso eindeutige Feindbilder (»Kiffer«, »Bullen«, »Attatürk«) wie Identifikationsmuster (»der FC ist mein ganzes Leben«) zu definieren begann. Aus der diffusen, minoritären Abwehrhaltung heraus, die Punk einmal – der Inszeniertheit des eigenen Tuns bewußt – gegenüber allem und sich selbst zur Schau getragen hatte, war eine identitätsstiftende Bewegung geworden, die je nach Fraktion eigene, für Dazugehörigkeit und Ausschluß geltende Regeln und Merkmale ausgebildet hatte.

»Wer ohne primäre Not Identität verlangt, stiftet oder verehrt, ist ein Faschist. Da, wo Identitäten ohne primäre Not angehäuft werden, hat jemand etwas vor. Und zwar nichts Gutes.«

Diedrich Diederichsen: »The kids are not allright – Vol. IV«, in *Freiheit macht arm*, 1993

Als SHAM 69, eine der ersten britischen Oi!-Punkbands, ihre Hymne »If the kids are united« schrieben, hofften sie noch, die zerfahrene Bewegung aus Punks und Skins zu einer Front gegen die eigentlichen Gegner, also die Mächtigen, nicht irgendwelche Minderheiten, bündeln zu können – sie waren ja schließlich selbst allesamt Minderheit oder gaben doch zumindest vor, sich aus einem Gefühl des Unterdrücktseins heraus der ein oder anderen Bewegung angeschlossen zu haben. Die Hoffnung war eine Illusion. Punk als ästhetische Abgrenzung gegen ›die Hippies‹ verkam an vielen Stellen zu einer Ästhetik von Männlichkeit und Härte, die sich kaum mehr von der Gesinnung sogenannter Spießer unterscheiden ließ. Ein gutes Beispiel dafür ist »Kernkraftritter«, ein Song von OHL (OBERSTE HEERESLEITUNG), ebenfalls Hausband von *Rock-O-Rama*, der mit den Zeilen beginnt: »Alternative, langhaarige Sau / du siehst aus wie deine Frau.«

»Alles was du willst
ist Frieden
doch es gibt nur Haß.
Du willst jeden
Menschen lieben
aber du bist aus Glas.

Ich seh deinen
gelb-roten Sticker
du bist der Kernkraftritter.

Alles tust du diskutieren
doch das Leben ist hart.
Du willst uns nur irritieren
aber du bist zu schwach.«

OHL: »Kernkraftritter«

Dieser Song gegen ›langhaarige Kernkraftgegner‹ hat politisch keine Alternative gegenüber dem anzubieten, was darin bekämpft wird. Aus ihm läßt sich im Gegenteil herauslesen, daß es cool ist, kurze Haare und Militärklamotten zu tragen, für Kernkraft zu sein und alles Weiblich-Weiche abzulehnen, an Männern allemal, denn dort könnte es ja schwul rüberkommen.

Fast überall, wo Punk dergestalt mit der Working Class kokettierte, identifizierte er sich nicht mit einem sozialistischen Arbeiter-

»Es dauerte nicht einmal ein Jahr, bis Punk auch den traurigen Ruhm ernten konnte, die erste Popmusik zu sein, die für Rechtsradikale ko-optierbar war. Das hat ästhetische und politische Gründe. Der ästhetische Grund ist tatsächlich der Verzicht auf afro-amerikanische Elemente in der Musik. Man konnte zu Bands der zweiten Generation wie SHAM 69 grölen wie ein gewalttätiger Mob, man konnte den unfunky Körper intakt lassen und ganz Gesinnung werden, man konnte martialisch sein, denn keine Synkope untergrub den tumben, ewigen Vierviertel-Takt des Ressentiments. Das bloße Gefühl der Kollektivität in Massensituationen, die auf Bestätigung und Konformität aufbauen, ist tatsächlich das Gegenteil der aktiven, auf Austausch aufbauenden Kollektivität jeder afro-amerikanischen Musik.«

Diedrich Diederichsen: »The kids are not allright«, *konkret*-Version, 1993

»Wir waren alle weiß: Schwarze hatten damit nichts zu tun. Die Hippies wollten in den Sechzigern immer schwarz sein. Wir sagten: ›Scheiß auf den Blues, scheiß auf black experience.‹ Wir hatten damals mit schwarzen Leuten nichts gemein: Wir hatten zehn Jahre lang political correctness, und jetzt wollten wir Spaß, so wie das bei Kids eben ist.«

Legs McNeil, Herausgeber des amerikanischen *Punk*-Fanzines, in Jon Savage: *England's Dreaming*, 2001

ideal (als eine der wenigen Ausnahmen müssen hier ANGELIC UPSTARTS genannt werden), sondern mit der realen, regressiven Arbeiter-Mentalität, also mit Fußball, Homophobie, latentem bis offenem Fremdenhaß, »Kleiner Mann«- und »gesunder Menschenverstand«-Weltbild, dem Bier auf dem Tisch und der Frau am Herd. Sowohl Oi!-Punk wie Skins identifizieren sich mit genau der Form von Arbeiterklasse, die den Herrschenden geradezu gelegen kommt, da ihre Sprachlosigkeit keine Befreiung fordert, sondern die Erfahrung von Unterdrückung nur an andere weiterleitet.

Es könnte leicht argumentiert werden, daß Punk schon aufgrund seiner musikalischen Struktur – der tumbe Rhythmus und die Refrains zum Mitgrölen (diesbezüglich besteht kaum ein Unterschied zwischen SLIME und STÖRKRAFT) – immer schon für rechte Vereinnahmung anfällig war. Dieser offenkundige, mehr oder minder bewußte Ausschluß sämtlicher schwarzer Musikelemente (ein Phänomen, dem wir auch bei Gothic/Darkwave begegnen) hat THE CLASH, eine Band, die politisch komplexer als nur in »Fuck authority«-Parolen dachte, schon früh dazu gebracht, Reggae-Elemente in ihre Musik zu integrieren, um so auf den desolaten Zustand einer ihrerseits ausgrenzenden Minderheiten-Kultur aufmerksam zu machen. Innerhalb der Szene hatten THE CLASH damit nur wenig Erfolg. »Sandinista« von 1980, ihr musikalisch experimentellstes, hauptsächlich von Reggae und Dub bestimmtes Album, erntete in der inzwischen von Bands wie THE EXPLOITED bestimmten Punk-Gemeinschaft nicht mehr als Spott und bornierte Ausverkauf-Vorwürfe.
Daß EXPLOITED und nicht THE CLASH den eigentlichen Ausverkauf von Punk darstellten, sollten so manche erst Jahre später bemerken. Aus heutiger Sicht nämlich sind es neben den CLASH Bands wie THE SLITS, THE RAINCOATS, X-RAY SPEX, LILIPUT und GANG OF FOUR gewesen, die den Punk davor bewahrt hatten, nur eine einheitliche Front aus misogynen, zynisch-haßerfüllten, weißen Jungs zu bilden. All jene, die mit weiblichen und schwarzen Elementen auch etwas Spielerisches einbrachten, eine gewissermaßen undogmatisch offene Form, galten zwar inner-

halb der rückhaltlos männlichen coolen Front mal als ›Hippies‹ und mal als ›Kunstpack‹, haben aber inhaltlich wie ästhetisch für eine größere Verunsicherung gegenüber bestehenden Werten gesorgt als abgedroschene »Fuck Disco, fuck Fashion«-Slogans (EXPLOITED), denen immer schon der Haß gegenüber allem Schwulen und Schwarzen eingeschrieben war.

»Natürlich gibt es das, den Jugendlichen, der SLIME und DIE BÖHSEN ONKELZ im Plattenregal stehen hat und beides geil findet. So etwas wirst du als Band nie zu verhindern wissen.«

Dirk, SLIME-Sänger

Und dennoch ist es verkürzt, von der Form eindeutige Rückschlüsse auf Inhalt und Haltung ziehen zu wollen. Gerade Punk zeigte, wie breit die Schere in Sachen politischer Orientierung innerhalb einer einzigen Subkultur bei ein- und demselben musikalischen Ausgangsmaterial auseinanderklaffen kann. Ein Großteil der Punks begriff sich definitiv als links, engagierte sich im Häuserkampf der frühen Achtziger und ließ auch keine rassistischen Tendenzen erkennen, stand aber trotzdem auf Mitgröl-Musik. Und hätte man einem SLIME-Fan Mitte der Achtziger geraten, sich doch auch einmal für andere, weniger maskulin verhärtete Formen zu öffnen und den lockeren Groove zuzulassen, hätte der antworten können, daß sich doch gerade die BAD BRAINS, die erste schwarze Reggae-Band innerhalb der Punkszene, mit frauen- und schwulenfeindlichen Äußerungen wie niemand sonst diskreditiert habe.

Hier zeigte sich abermals, daß der politische Gehalt einer Musik nicht von der Musik an sich abhängt, sondern von dem jeweiligen Umfeld, einem Umfeld, das wiederum aus seinem historischen Kontext heraus betrachtet werden muß. So funktioniert vieles, was am Punk zwischen '76 und '83 funktioniert hat, auf unsere Zeit übertragen nicht mehr. All die politischen Implikationen, die mit den Hakenkreuzen wie auch mit einer auf Haß und Härte aufbauenden Musik verbunden waren, haben zumindest im Sinne einer aufklärerisch verstörenden Provokation ausgedient. Sie sind als einmal wirksame Provokations-Strategien ebenso historisch unwiederholbar, zumindest nicht ohne Peinlichkeit wiederholbar, wie Peter Handkes »Publikumsbeschimpfung« oder die Körperrituale der Wiener Aktionisten. Ähnliches gilt für Industrial, die andere große, wenn auch weniger populäre Schock- und Provokations-Bewegung der ausgehenden Siebziger.

»In manchen Umgebungen fühlte man sich ja als Frau nicht so wohl. Und dieses Business war überhaupt nicht weiblich. Es war ausgesprochen männlich. Auch dieses Gockelgehabe. Das hatte nichts mit weiblichem Selbstverständnis zu tun. Deswegen war es wichtig, sich zu Frauenbands zu verbünden. Da konntest du ganz locker ausprobieren, ohne dass es diesen Geschlechterkampf gab. Eine Frau bringt einen anderen Aspekt in die Musik rein. Wenn eine Frau da ist, dann ist die Band anders. Das gibt einen anderen Sound.«

Gudrun Gut, in Jürgen Teipel: *Verschwende Deine Jugend*, 2001

Industrial.
»Music from the Death Factory« –
THROBBING GRISTLE

Etwa zeitgleich mit Punk entstand die Industrial Music, benannt nach dem gleichnamigen Label von THROBBING GRISTLE aus Manchester, deren erste Studio-Sessions (inzwischen erstmals als »The First Annual Report« veröffentlicht, Yeaah! Rec./EfA, 2001) auf das Jahr 1975 zurückgehen. Das Logo von *Industrial Records* war der Verbrennungsofen von Auschwitz. Er war unkommentiert abgebildet, wurde also wahrscheinlich von den meisten Rezipienten gar nicht als solcher erkannt – bis zu dem Zeitpunkt, an dem die Band selbst in Interviews das Motiv aufdeckte und den von ihnen intendierten Zusammenhang erklärte, das Miteinander von Profitinteresse, Massenkultur und (Vernichtungs-) Industrie.

»(Die Industrial Music) erkennt, daß die Apokalypse schon stattgefunden hat. Sie deutet auf ihre Weise den Adorno-Ausspruch, nach Auschwitz könne man keine Gedichte mehr schreiben, und sowieso keine rührseligen Rock- und Popschlager über einsame Herzen und Liebesschmerzen. In keiner künstlerischen Bewegung wird so oft und so offen die braune Vergangenheit thematisiert und gleichermaßen aus der Opfer- wie der Täterseite beleuchtet.«

Carla Mureck: »Die Hölle ist da, feiern wir das wärmende Feuer«, in *Partitur der Träume*, 1990

Während Punk vorgab, Musik der Arbeiterklasse zu sein, entstammten fast alle Industrial-Vertreter den Kunsthochschulen. Ihre Verarbeitung avantgardistischer Kunst- und Musikkonzepte brachte mit sich, daß Industrial Music zu keiner wirklich populären Bewegung hat werden können, sehr wohl aber nach einer langen, verzweigten Wirkungsgeschichte auch Spuren im Mainstream hinterließ. In den Neunzigern sind durchaus erfolgreiche Bands wie MINISTRY und NINE INCH NAILS mit dem Industrial-Etikett versehen worden, obwohl weder deren Musik noch Konzept sehr viel mit dem Industrial der Siebziger gemeinsam haben. Die ursprüngliche Industrial-Bewegung (hier kann getrost von einer Bewegung gesprochen werden, da alle involvierten Künstler einander kannten) strebte dagegen keinerlei größeren Erfolg an, spielte zwar mit Elementen der Massenkultur, allerdings nur, um sich selbst als Kehrseite gegenüber allem Gefälligen und Populistischen abzugrenzen. So haben zum Beispiel THROBBING GRISTLE eine ihrer Platten ganz im Widerspruch zu Konzept und Musik der Band *20 Jazz Funk Greats* genannt. Das Cover zeigt die vier Bandmitglieder in einer Landschaft, ihr ›braves‹ Aussehen ist vergleichbaren Covern von Popgruppen wie den BEACH BOYS, MAMAS & PAPAS oder MONKEYS nachempfunden. Selbstredend befanden sich auf dieser Platte keine Hits im herkömmlichen Sinne, sondern die typischen, verstörenden TG-Sounds, wenn auch im Band-Kontext gesehen etwas gemäßigter, für den typischen BAY CITY ROLLERS-Fan aber nach wie vor eine Zumutung.

Noch bevor Industrial zu einer kleinen, elitären Bewegung hat werden können, hatten THROBBING GRISTLE bereits sämtliche Elemente von Schock und Provokation auf die Spitze getrieben; und zwar dermaßen, daß die Provokations-Strategie nur noch in Form von Affirmation hätte getoppt werden können – was kurz darauf leider auch geschah.

THROBBING GRISTLE waren aus der 1969 gegründeten Künstler- und Performance-Gruppe COUM TRANSMISSIONS hervorgegangen. Während Sänger Genesis P. Orridge bei TG zur populärsten Figur und zum Wortführer in Interviews avancierte, war Cosey Fanni Tutti die treibende Kraft bei COUM. Lange vor der spektakulären »Made in Heaven«-Serie von Jeff Koons, die als der Einzug der Pornographie in die bildende Kunst gilt, hatte sich Cosey Fanni Tutti in Eigenregie als Pornomodell betätigt und die Pornohefte, die sie selber herausgegeben hatte, 1976 in der Ausstellung *Prostitution* (London Institute of Contemporary Art) präsentiert. Hier wurde »das emotionale Ritual des Miteinanderschlafens« (Cosey Fanni Tutti) auf äußerst kühle, nüchterne Weise erst in Pornographie und schließlich in Kunst transformiert, sollte also mehrfach gebrochen entmystifiziert werden.

Diesen Weg, starke Gefühle zu erzeugen und zugleich zu dekonstruieren, nämlich auf einen massenkulturell erzeugten, sensationalistischen Affekt zurückzuführen, der dem Faschismus und der spätindustriellen Gesellschaft gemeinsam ist, sind auch THROBBING GRISTLE gegangen. Die Band benutzte hierzu alles, was nach Tabu roch, von Verweisen auf Faschismus, Nationalsozialismus und den Holocaust bis zu Serienmördern, Pornographie und Selbstverstümmelung. In diesem Zusammenhang gilt ähnliches wie für den Punk: Die neue Schock- und Antiästhetik konnte zwar leicht als radikaler Bruch mit der 68er-Generation aufgefaßt werden, basierte aber auf deren Wurzeln. Ein ähnliches Spiel rund um den Komplex von Tabu, Triebunterdrückung und

»Eine ›Musik der Unbefugten‹, wie Brus sie bereits 1972 für sich reklamierte und vorausschauend forderte, ist keine Kopfgeburt von Spezialisten, sondern wächst aus dem Spannungsbogen zwischen Hitler und Unterleib der Gesellschaft, im Versuch, Gefühle aus dem Korsett zivilisatorischer Anpassung zu befreien, durch Schock, durch Irritation, durch eine Schönheit, die die Bestie im Menschen nicht aussperrt.«

Carla Mureck 1990. Hier ist dem Lektorat ein eklatanter Fehler unterlaufen: Statt der äußerst fragwürdigen Formulierung »zwischen Hitler und Unterleib der Gesellschaft« (Was ist ein »Hitler der Gesellschaft«? Das Über-ich der Deutschen?) hätte es heißen müssen: »zwischen Hirn und Unterleib …«.

Totalitarismus findet sich bereits bei den Wiener Aktionisten Hermann Nitsch, Otto Muehl, Günter Brus und Rudolf Schwarzkogler, also einer Künstlergruppe, deren entscheidendes Wirken zwischen 1965 und 1970 stattfand. Dem Wiener Aktionismus und dem Industrial sind »die intensive Suche nach positiver Destruktion« (Carla Mureck) gemeinsam gewesen, also eine ursprünglich emanzipatorische Position, die im Sinne der »Dialektik der Aufklärung« die Wurzeln von Faschismus und Unterdrückung aufzeigen und bekämpfen wollte. In Interviews wurden THROBBING GRISTLE diesbezüglich nicht müde, den linken Background ihres Konzepts zu betonen (wenn auch nicht im Sinne linker Ideologie), ja sie wollten sogar als eine Art musikalische Guerilla wirken. Ziel der Auftritte zu sägenden Synthesizer-Klängen und Tonband-Collagen war es, das kollektiv Verdrängte der spätindustriellen Gesellschaft über eine Art Lärmritual ins Bewußtsein zu rufen.

»Genesis P. Orridge ist der leiseste Interviewpartner, den ich je hatte. Auf dem Band ist er kaum zu verstehen, obwohl er sich sehr deutlich artikuliert. Alle, die mit TG in Deutschland zu tun hatten (ich incl.) berichteten übereinstimmend, wie nett und menschlich sich TG verhalten, ganz im Widerspruch zu ihrem Image.«

Diedrich Diederichsen, in *Sounds* 1/81

»Ich weiß nicht«, so Genesis P. Orridge in einem Interview, veröffentlicht in *Rock Session #6* (1982), »wieso es plötzlich für eine Gruppe, die Musik macht, indiskutabel sein soll, Dinge zu erwähnen, wie sie sonst überall in den Medien gang und gäbe sind. Warum gehört es sich nicht für jemanden mit 'ner Gitarre, Zyklon B oder Gewalt zu erwähnen oder zu diskutieren, oder einfach mal darauf hinzuweisen oder die Leute zu erinnern? Und wie sich zeigt, ist das ganz gut, wenn eine Sache noch einen gewissen Überraschungseffekt hat – denn die Leute sind es nicht gewöhnt, daß ihnen Musik etwas über die Realität sagt, denn normalerweise kennen sie Musik nur als Flucht aus der Wirklichkeit.«

THROBBING GRISTLE haben einen Großteil ihrer verstörenden Wirkung aus der Ambivalenz ihres Auftretens gezogen, aus der Kunst, auf verwirrende Weise mit Codes zu spielen und sie kontrastiv einzusetzen. Auf Photos ist zum Beispiel Peter Christopherson meist als smarter, biederer Junge mit Hawaii-Hemd und weißen Turnschuhen ausgewiesen (obwohl von seiner Synthesizer-Arbeit die harschesten Sounds ausgingen), während Cosey Fanni Tutti in lasziven Posen die Rolle der Frau im Popbetrieb auf eine Weise affirmiert, wie sie zu PUSSYCAT oder BONEY M.

gepaßt hätte, nicht aber in den TG-Kontext; im Kontrast hierzu Genesis P. Orridge in Militäruniform oder mit Charles-Manson-T-Shirt, ebenfalls kontrastiert von Chris Carter mit Mod-Frisur und ABBA-T-Shirt. Zu diesem Konzept einer »Deterritorialisierung«, sich jeglichem verläßlichen Background zu entziehen, gehörten auch Photos, die die TG-Musiker in biederem Ambiente zeigten, etwa Cosey im Wollpullover, mit zwei Katzen im Arm auf dem Sofa sitzend. Solche Kontraste waren ein geeignetes Mittel, »Kontrollmechanismen zu decodieren« (Carla Mureck): Biederes und Vertrautes stand neben Bedrohlichem und Verdrängtem, so wie sich die Wohnstuben der KZ-Mörder nur wenige Meter von den Gaskammern entfernt befanden.

THROBBING GRISTLE hatten also bewußt vermieden, ein einheitliches Image aufzubauen, etwa eines, das durchweg auf Schrecken und Provokation angelegt war; die Brüche, zu denen eben auch das Spiel mit einer ›weichen‹ Popästhetik gehörte, sorgten erst dafür, Elemente des Schocks besonders stark hervortreten zu lassen. Dies läßt sich auch heute noch ganz ohne Kenntnis ihrer Auftritte nachvollziehen, etwa wenn man sich die Nummer »Slug Bait« anhört, in der Sexualität und Gewalt bereits so drastisch dargestellt wurden wie später in Bret Easton Ellis' *American Psycho*. Dieses Stück, aus der Ich-Perspektive eines Killers geschrieben, der in die Wohnung eines Paares eindringt, um beide brutal abzuschlachten, wurde von Genesis P. Orridge nicht mit fester, bestimmter Stimme vorgetragen, schon gar nicht im brüllend-wütenden Punk-Duktus, sondern verhalten, flatterhaft, wirr. Weit davon entfernt, Gewalt zu propagieren (was diverse Punkbands in ihren Hooligan- und Anti-Hippies-Songs sehr wohl taten), wurde hier die psychologische Struktur von Gewalt in Musik umgesetzt, es wurde also höchst emotional, aber beschreibend vorgegangen.

In seiner frühen Form war Industrial ein Versuch der Selbstaneignung: Die Elemente der Macht wurden mimetisch durchgespielt, um sie zu begreifen und sich gegenüber deren Verführung zu immunisieren. Die permanente Thematisierung des Holocaust entsprang zumindest bei TG dem Bewußtsein, daß die westliche Gesellschaft auf einer Verdrängung aufbaut, von der es nicht sehr

»Nun, das mit dem Militär ... diese Kleidung ist nur ein Symbol dafür, wie Leute sind, was sich täglich abspielt; es ist einerseits ein Symbol der Repression. Und ebenso ein Symbol dafür, daß die Leute, gegen die du ankämpfst, dieses Image und diese Wirkung haben, weil es den Eindruck von Macht und Stärke hervorruft und einschüchtert ... und ich bin der Ansicht, das sind Leute, denen man ebenbürtig sein muß, gegen die man sich wehren muß. Was uns angeht, haben wir also so etwas wie unsere eigene effektive militärische Operation, um dagegen anzugehen, wie Stadtguerilla oder Terroristen.«

Genesis P. Orridge, in *Rock Session* # 6, 1982

»I get your husband to
your front bedroom
I cut his balls off with
a knife
I make him eat them
right there
In front of his pregnant
wife
(...)
I look at your big heavy
stomach
It's already moving a bit
with your baby
I use the carving knife
from your kitchen
I start to perform the
operation
I pull out your baby
I chew his hand off with
my teeth
I lick him clean
It's obscene
As you bleed to death
I kill it
I'm just a wicked boy.«

THROBBING GRISTLE: »Slug Bait«, auf *The Second Annual Report* (1977)

weit bis zur Holocaust-Leugnung ist; besonders die Unterhaltungsindustrie, als deren Element sich THROBBING GRISTLE positionierten, um sie mit ihren Mitteln und Strukturen zu unterwandern, lebt geradezu von der Ausblendung sämtlicher Gewalt- und Schmerzerfahrung, ist damit in ihren Grundzügen totalitär. John Zorn hat das per Gegenüberstellung zweier Bilder im Booklet zur *Kristallnacht*-CD (1993) verdeutlicht: Ein Bild, mit »The Nazi Ideal« überschrieben, zeigt eine nackte, gen Himmel blickende Frau, ihre beiden Arme zur Sonne hin gestreckt, eine Skulptur des Nazi-Bildhauers Josef Thorak; dem gegenüber ist mit »The Nazi Reality« das Photo eines ermordeten KZ-Häftlings zu sehen, ebenfalls nackt, abgemagert, auf dem Boden liegend, die Arme auf ähnliche Weise von sich gestreckt. Ebenso gegenüberstellend, »gleichermaßen aus der Opfer- wie der Täterseite« (Carla Mureck) ständig die Perspektive wechselnd, haben auch THROBBING GRISTLE gearbeitet – und dies nicht zuletzt in genauer Kenntnis ihrer Stellung als Band, die mit den Mitteln der Bewußtseinsindustrie arbeitet, von der damit also zugleich selbst eine Autorität ausgeht.

Genesis P. Orridge, *Rock Session*, 1982: »Unterwegs sagten wir immer wieder, daß wir da draußen noch Hunderte von Nazis vorbeilaufen sehen. Sehr eigenartig. Zehn Minuten Indoktrination, und sie sind wieder da. Da hat sich gar nicht so viel geändert, wie Leute gerne glauben möchten. Womöglich haben sie deshalb alle solche Angst. Sie sind sich sehr bewußt über diesen kleinen Teufel da innendrin. Aber solange sie das unterdrücken, wird er seine Macht behalten. Aber das ist nicht alleine der Fehler der jungen Generation – ich meine, wir wissen auch, daß hier in der Schule und den Medien ganz bewußt versucht wird, diese Ära herunterzuspielen oder totzuschweigen.«

Angesichts solcher Äußerungen sollte der Eindruck entstehen, daß keine subkulturelle Bewegung derart reflektiert mit der Nazi-Vergangenheit umgegangen und also vor rechten Übernahmen gefeit gewesen ist. Im Gegenteil: Wie auch im Punk war es nur eine Frage von wenigen Jahren, wenn nicht sogar Monaten, die darüber entschied, wer sich die entsprechende Symbolik und Ästhetik auf welche Art und Weise angeeignet und neu verarbeitet hat. Industrial nahm den Weg von einer in Brecht-Tradition arbeitenden, aufklärerisch-kritischen Bewegung hin zu einer mystisch-esoterischen und schließlich – in beinahe logischer Konsequenz aus dem ersten Schritt – zu einer Bewegung hin, die sich in weiten Teilen offen der rechten Ideologie verschrieb.

Vom Schock zu Kult, Mystik und Ritual

Daß eine Provokations- oder Antiästhetik nach kurzer ideologiekritischer Phase ins Essenzialistische kippen kann und sich nicht mehr über Konfrontation definiert, sondern über eine sektierische, heilbringende Weltanschauung, ist nicht neu. Eine solche Wandlung fand auch bei zwei Vertretern des Wiener Aktionismus, Hermann Nitsch und Otto Muehl, statt. Nitschs Spiel mit Tieropfern, Kreuzigungen und gegenseitiger, wollüstiger Besudelung erhielt schon sehr früh eine religiöse Komponente. Der Künstler, dessen Arbeiten in einen Zusammenhang mit den '68er-Gegenkulturen zu stellen womöglich von Anfang an ein Mißverständnis war, suchte nach »dionysischer« Entgrenzung im Sinne eines festgelegten, dem Frühchristentum entlehnten Rituals, von ihm selbst »Orgien-Mysterien-Theater« genannt. In Anlehnung an Richard Wagner und dessen Vorstellungen vom Festspiel, ging es weniger darum, einen Zusammenhang zwischen Triebunterdrückung und totalitärem Charakter aufzudecken, sondern um die Etablierung von rituellen, archaischen, letztlich also systemstabilisierenden, auf »fit for work again« angelegten Formen der Entgrenzung. Otto Muehl schließlich ging direkt von der sexualisierten, an den Theorien von Wilhelm Reich angelehnten Performance-Kunst in den Lebensvollzug über und gründete die AAO-Kommune, an deren hierarchischer Spitze er herrschte, bis ihm wegen sexuellen Mißbrauchs von Minderjährigen der Prozeß gemacht wurde.

Eine ähnliche Entwicklung hin zum eigenweltlichen Sektierertum nahm auch Genesis P. Orridge, der kurz nach Auflösung von THROBBING GRISTLE die Band PSYCHIC TV und deren esoterischen Überbau »Temple Ov Psychic Youth« gründete. Jeglicher

»Unter dem Deckmantel eines *Happenings* hatten die Wiener Aktionisten Nitsch, Muehl oder Schwarzkogler öffentlich Tiermassaker vollzogen; vor einer Schar debiler Zuschauer hatten sie den Tieren die Organe und Eingeweide ausgerissen und zerstückelt und die Hände in Fleisch und Blut getaucht und das Leiden der unschuldigen Tiere auf den Höhepunkt getrieben (...). Den Wiener Aktionisten, den Beatniks, den Hippies und den Serienkillern war gemein, daß sie zutiefst libertäre Hednonisten waren und das Recht des Individuums gegenüber allen sozialen Normen (...) in letzter Konsequenz propagierten und für sich in Anspruch nahmen. In dieser Hinsicht war Charles Manson keineswegs ein monströser Ableger der Hippie-Bewegung, sondern deren logische Weiterführung. (...) Tatsächlich saß Hermann Nitsch zur Zeit in einem österreichischen Gefängnis seine Strafe für die Vergewaltigung Minderjähriger ab.«

Michel Houellebecq: *Elementarteilchen*

Diese einem Protagonisten im Roman in den Mund gelegte, völlig überzogene Passage diskreditiert sämtliche Aussagen (absichtlich?) alleine dadurch, daß es in ihr von Fehlern nur so wimmelt. So hat zum Beispiel Rudolf Schwarzkogler nie Tiere geschlachtet und ist schon gar nicht vor Publikum aufgetreten; im Gefängis saß außerdem nicht Hermann Nitsch, sondern Otto Muehl.

Esoterik, Zahlen- und Sprachsymbolik bei PSYCHIC TV:
»By extension she is also the godess of the home. In the letter ›E‹, onto the vertical line designating the flame, ist attached the Father, for the highest line, the Mother, for the lowest, and the Child for the third, the median. The Familiy has become the capital theme of the life of Genesis P. Orridge, as much on the personal level as on that of the public by means of PSYCHIC TV and the Temple Ov Psychic Youth. (It is not unreasonable to remember the fascination of Genesis P. O. for the ›MANSON family‹).«

Jean-Pierre Turmel, Auszug aus den Linernotes zur PSYCHIC TV-CD *Descending*, 1985

kritische Gehalt und jeder Versuch, aufzudecken, wie leicht Menschen ideologisch verführbar sind, selbst noch dem größten Unsinn zu folgen, war hier seinerseits in kruden Nonsens gekippt und wurde zu einem unproduktiven Kult rund um Charles Manson und Aleister Crowley, zu einem wirren Spiel aus okkulter Symbolik und Zahlenmystik, Ganzheits-Theorie und Schamanismus. P. Orridge, der nun Verweise auf Charles Manson ungefiltert, also ohne jegliche Kontrastierung in Form bloßer Huldigung einsetzte, vollzog innerhalb weniger Jahre eine Entwicklung, die in Folge der ganzen Szene zum Verhängnis werden sollte. Anfangs ließ sich Industrial als eine Kapitalismuskritik im Sinne von Adorno/Horkheimer lesen, nämlich als Warnung davor, daß der scheinbar rationalen, hochtechnisierten Gesellschaft als Kehrseite ein unterdrückter, gefährlicher Irrationalismus zugrundeliegt. Kurz darauf wurde genau dieser Irrationalismus als vermeintlich rettender Weg aus der Entfremdung beschritten. »Viele alte Folk-Lieder beschreiben Elemente der unterdrückten heidnischen Traditionen«, heißt es diesbezüglich bei Tony Wakeford von SOL INVICTUS (zit. n. Wolfgang Sterneck, *Der Kampf um die Träume*). »Wir versuchen, diese wieder ins Gedächtnis zurückzubringen und sie fortzuführen.«

In ihrer Industrial-Chronik versuchte Carla Mureck noch 1990, als in der Szene bereits offen Koketterie für Nazi-Esoterik zu erkennen war, die aufklärerische, quasi antifaschistische Haltung des Frühindustrial mit dessen Entwicklung hin zu »einer religiösen, magischen, rituellen Musik« als Teil einer logischen – und zwar positiven – Entwicklung zu fassen. »Gregorianische Gesänge« und »tibetanische Ritualmusik, japanische shakuhachi« und »europäische Klassik, angeregt durch literarische Einflüsse von Lautréamont, Huysmans, Lewis Carroll, Aleister Crowley, wie von Bon-Texten und tibetanischen Aufzeichnungen« wurden von ihr als Versuch gedeutet, »dem ursprünglichen Zweck der Musik, nämlich Abreaktion und Ekstase, wieder nahezukommen.« Wo das Ursprüngliche und also die vorzivilisatorische ›Reinheit‹ gesucht wird, lauert jedoch stets schon die Gefahr eines Antimodernismus, dessen reaktionäre, kulturpessimistische Stimme nicht mehr viel mit der Kritischen Theorie, sondern mit Oswald

»So this is the west
a land we're meant
to defend
of happy slaves,
who will babble to the end.
Beneath the towers
where financers roost
but above them the sun
that sings out an ancient
truth.«

SOL INVICTUS: »Against The Modern World« LP/CD

Das antisemitische Stereotyp von den »financers«, die die »westlichen« Menschen »versklavt« haben, liegt auf der Hand und wird noch einmal durch das Bild der Sonne verstärkt – die Kenntnis vom Sonnenkult der SS wird hier vorausgesetzt –, die da von einer »alten Wahrheit« singt.

Spengler, dem Verkünder vom »Untergang des Abendlands«, gemeinsam hat.
Im Verlauf der Achtziger entstand so aus der Industrial-Szene heraus eine Bewegung, die schon nicht mehr richtig von Gothic und Dark Wave zu trennen war, hatten doch alle miteinander gemeinsam, keine nach vorne gewandten Ziele zu verfolgen (es sei denn, man wollte die »Fortführung heidnischer Traditionen« ernsthaft als progressives Ziel deuten), sondern weinerlich bis morbide vorzivilisatorische Zustände zu erträumen, eine ›Reinheit‹, die schließlich bei germanischen und keltischen Göttern ebenso gesucht wurde wie in mittelalterlichen Klangwelten, in fernen Projektionen also, die von manchen an gar nicht so ferne wie das »Tausendjährige Reich« rückgebunden wurden.
DEATH IN JUNE beispielsweise, eine Neofolk-Band, die musikalisch gar nichts mehr mit den maschinenstürmerischen Kakophonien des Industrial gemein hat, personell aber aus dessen Strukturen hervorging und mit ihrer Hinwendung zu ›reinen‹ Klangkörpern (z. B. Knochen und Schädel als Schlagwerk) nur dessen logischen Gegenpol bildete, benannten sich nach dem Röhm-Putsch am 30. Juni 1934. Die kurioserweise schwule Band (genauer: nach Ausstieg von Tony Wakeford und Patrick L. O'Kill das Projekt von Douglas P. mit wechselnden Gastmusikern) stilisiert Röhm und die SA zum Ideal einer homomilitaristischen, nationalsozialen Truppe, die Europa (von was auch immer) befreit hätte, wäre sie nicht von der SS abgelöst worden. Die verbrämten Lieder von DEATH IN JUNE bedienen sich einer Sprache, die aus einer Mischung von Symbolismus und pathetischer Verklärung von Männerbünden besteht, aus Todessehnsucht und Decadence gepaart mit neuheidnischer Esoterik, also Baudelaire im Mix mit Stefan George, Ezra Pound im Mix mit einem auf die »Umwertung aller Werte« verkürzten Nietzsche, etwa wenn im Song »Runes and Men« der Teufel ins Spiel gebracht wird, der »die Runen und Männer von einst« zur Einsamkeit verdammt habe. Es bedarf keiner großen Entschlüsselung, hinter jenem Teufel den Antifaschismus zu vermuten, der es verbietet (und DEATH IN JUNE sind wie alle neurechten ›Freigeister‹ gegen jegliche Verbote), sich positiv auf ›die Helden‹ von damals zu beziehen.

»With your hair of
Flaming Roses
Your Kiss – Medusa's touch
Turn me to a pillar of salt
To Die now would be
Perfection.

Then my loneliness closes in
So, I drink a german wine
And drift in Dreams of other
Lives
And Greater Times.

White sheets wrap my mind
In drunken thoughts of
Runes and Men
Why does the Devil leave
for us
This legacy of Loneliness.«

DEATH IN JUNE: »Runes And Men«, auf *Brown Book* (auf der Platte zur Vereindeutigung mit einer Hitler-Rede unterlegt)

Die Sehnsucht von DEATH IN JUNE (aber auch die von Ritualbands ohne eindeutig rechten Hintergrund, wie zum Beispiel CURRENT 93) erträumt eine naturverbundene Welt vor jeglicher Zivilisation – doch die Befreiung von all dem, was an Zivilisation als verderblich angesehen wird, richtet sich nicht gegen weltweit agierende, ausbeuterische Konzerne (Kapitalismuskritik bleibt da höchstens bei Phrasen von der »jüdischen Weltverschwörung« stecken), sondern sie richtet sich diffus emotional gegen »das Fremde« an sich, gegen das urbane Geflecht, in dem verschiedene Kulturen aufeinandertreffen, gegen eine »Verunreinigung« westlicher Kultur (bei DEATH IN JUNE und SOL INVICTUS offen mit Antiamerikanismus gepaart), wobei ›westlich‹ in der Regel für ein Gemisch aus nordischen, keltischen, alemannischen und normannischen Geschichten und Mythen steht.

»Your LP is called Leibstandarte (...), what do you think of fascism?
MB: (...) I'm nihilist, rather – but I think every kind of authoritarian goverment (Fascism, Communism, etc.) is very hermful for the human creativity & universal freedom.
What feelings are expressed in this music?
MB: In this music are expressed my frustrations in life, in love, in religion, in politics, in death ...«

Interview von 1981 mit Maurcio Bianci / LEIBSTANDARTE SS, in *MB* (5 CD-Box, *Alga Marghen Records*, 1996)

Weil solche Strömungen in ihrem Bemühen um die Rückeroberung nordischer ›Herrenrasse‹ zugleich als Boheme daherkommen, die nichts gegen Homoerotik, Sadomasochismus, Drogen und andere Formen der Grenzerfahrung hat, wirkte diese esoterisch-reaktionäre Bricollage auf viele Fans lange Zeit als politisch unbedenklich und basiert ja in der Tat auf einem ideologisch schwer lösbaren Paradox. Das ganze ritualisierte Spiel rund um Piercing, S/M und schwulen Uniform-Fetischismus spielt mit Grenzerfahrungen, die es zugleich ohne die in dieser Szene dämonisierte städtische, internationale Kultur nie gegeben hätte.

Apocalypic Folk – so die Bezeichnung dieser aus Industrial hervorgegangenen Bewegung rund um DEATH IN JUNE, SOL INVICTUS und die späten CURRENT 93 – ist die erste subkulturelle Bewegung, in der sich die Verwendung von rechter Symbolik zur handfesten rechten Ideologie hin vereindeutigt hat, aufgebaut auf genauer Kenntnis rechter Gedankengebäude und unter Verwendung einer Symbolsprache, die tiefer in den Kern nationalsozialistischer Wahnvorstellungen dringt (weil sie auch noch deren mystische und pseudoargumentative Selbstlegitimation übernimmt), als jegliche Naziskin-Band dies je vermocht hat.
Industrial begann als intellektuelle Bewegung und stilisiert sich auch noch in seinen rechten Ausläufern zur intellektualistischen

Elite, deren Denken nur würdigen Eingeweihten zugänglich gemacht werden soll, nicht dem »Ausländer raus!« brüllenden Mob, sondern dem ›edlen‹ Nazi, der bei einem Glas deutschen Weines unterm Zitieren von Stefan-George-Versen für die unterwürfigen ›Gutmenschen‹ nur ein abfällig-aristokratisches Lächeln übrig hat.

Industrial als Patchwork der Minderheiten

Zugegeben: Die hier dargestellte Entwicklung von Industrial ist stark verkürzt und bildet zugleich eine fragwürdige Verknüpfung zwischen zwei Extremen, nämlich den aufklärerischen THROBBING GRISTLE mit ihrer zugleich kurzen Haltbarkeit und den im Sinne einer gegenaufklärerischen Stimme der Reaktion arbeitenden DEATH IN JUNE. Dazwischen und daneben ist freilich sehr viel mehr passiert, was hier nur kurz gestreift werden kann.
Sieht man einmal von der Sonderstellung ab, die THROBBING GRISTLE als Namensgeber der Bewegung einnahmen, war die politische Ausrichtung bereits innerhalb der ersten Industrial-Generation äußerst unausgegoren, keineswegs klar faßbar, was ja auch zugegebenermaßen den Reiz dieser Klangattacken jenseits von aller didaktischen Botschaft ausmachte.
Bands wie zum Beispiel die australischen SPK und CABARET VOLTAIRE aus Sheffield nutzten zahlreiche Gelegenheiten, ihren Background als links auszuweisen, etwa wenn sich die als Kollektiv in wechselnder Besetzung auftretenden SPK, die auch die Initialen ihres Bandnamens von Platte zu Platte verschieden ausschrieben, für ihre *Leichenschrei*-LP von 1981 nach dem Sozialistischen Patienten Kollektiv benannten, einer Art Patientenguerilla aus den Siebzigern. Ihre Gegenüberstellung von Menschen mit angeborenen Mißbildungen und Photomodellen war zugleich ein eindeutiger Hinweis darauf, daß auch das Schönheitsideal der spätindustriellen Gesellschaft bei gleichzeitiger Ausgrenzung alles ›Kranken‹ die Ideologie der Euthanasie fortschreibt. CABARET VOLTAIRE schließlich unterlegten auf ihrer Nummer »Baader Meinhof« (*Live at the Y.M.C.A. 27.10.79* LP) Soundschleifen

»Mit Gewalt kann man sich eigentlich nicht oft genug auseinandersetzen, doch das, was mir da manchmal in den Briefkasten flattert, kann auch sehr peinlich sein, regelrecht mißglückt. Nicht alle beherrschen die Kunst von THROBBING GRISTLE, deren subtiles Spiel mit Gewalt und Verdrängung einzigartig gewesen ist. TG haben zum Beispiel einen schäbigen Gartenpfad auf dem Cover, daneben ein Zaun mit Stacheldraht, an dem nichts Auffälliges bemerkbar ist, doch auf der Rückseite mußt du irgendwo im Kleingedruckten lesen, daß dies der Pfad zur Auschwitz-Barracke Nummer Neun gewesen ist. Heute geht man hin und druckt in großen Lettern THERESIENSTADT auf das Cover. Das geht nicht! Solche Sachen haben mit Verarbeitung nichts zu tun, nichts mehr von dieser bewußten Fehlinformation, die verwirrt und uns das Alltägliche mitsamt seinem falschen Frieden in Frage stellen läßt.«

Donna Klemm, Leiterin des Industrial-Mailorders *Artware*, in *testcard # 3: Sound*, 1996

»Viel wichtiger als der politische Linksradikalismus, viel enger mit einer Politik der Intensitäten verbunden: eine ungeheure unterirdische Bewegung, noch zögernd, eher noch eine Unruhe. Sie entzieht dem Wertgesetz die Affekte. Bremsen der Produktion, Konsumverweigerung, ›Arbeits‹-verweigerungen, illusorische (?) Kommunen, Happenings, Bewegungen zur sexuellen Befreiung, Fabrik- und Hausbesetzungen, Entführungen, Produktion von Tönen, Worte, Farben ohne ›Werkintentionen‹. Das sind die ›Menschen der Steigerung‹, die ›Herren‹ von heute: Außenseiter, experimentierende Maler, Popkünstler, Hippies und Yippies, Parasiten, Verrückte, Eingesperrte. Eine Stunde ihres Lebens enthält mehr an Intensität (und weniger an Intention) als tausend Worte eines Berufsphilosophen. Sie sind Nietzsche viel näher als seine Leser.«

Jean-François Lyotard: »Bemerkungen über die Wiederkehr und das Kapital«, in: *Intensitäten*, Merve Verlag 1978

und entfremdet-blecherne Gesangsfetzen mit der Stimme eines deutschen Nachrichtensprechers, der den Tod der Terroristen in Stammheim bekanntgab.

Links im herkömmlichen Sinne, also im Sinne von Agit-Prop und Gesinnungs-Rock, ist all dies natürlich nicht gewesen, sondern äußerst assoziativ, collagenhaft offen und zugleich – von Form und Ausdruck her – bekennerhaft minoritär. In dem Maße, in dem sich Denker wie Gilles Deleuze, Michel Foucault und Jean-François Lyotard von den Denkmustern und Begrifflichkeiten der alten Linken verabschiedet hatten, setzten solche Industrial-Vertreter auf ihre Weise, nämlich als Musiksprache, eine neue Form der Kritik ein, die dem Minoritäts-Denken der neueren französischen Philosophie sehr nahekam.

In der zweiten Hälfte der Siebziger begann man auch in europäischen Ländern außerhalb Frankreichs sowie den USA, die neueren französischen Philosophen zu rezipieren. Ihre Texte waren aus einer bewußten Abkehr vom dogmatischen Marxismus entstanden, hatten sich der existenzialistischen Philosophie Heideggerscher Prägung und dem Vitalismus Nietzsches zugewandt, ohne jedoch den darin enthaltenen und daraus rezipierten rechten Ballast mitzuschleppen. Statt im marxistischen Sinne die ökonomischen Machtverhältnisse in den Mittelpunkt seiner Analyse zu stellen, hatte Foucault seinen Machtbegriff auf sämtliche gesellschaftlichen Bereiche ausgedehnt und damit den Blick auf zahlreiche Orte der Ausgrenzung und Unterdrückung geöffnet, die sich nicht vor bloß ökonomischem Hintergrund erklären ließen, Gefängnisse zum Beispiel und die Psychiatrie. Es würde zu weit führen, nun die zentralen Thesen von Foucault und Deleuze zu referieren. Sie sollen hier nur gestreift werden, um zu zeigen, daß es deutliche Parallelen zwischen dieser neuen Denkströmung und der Industrial-Bewegung gab, möglicherweise jedoch Parallelen, die nicht durch direkte Rezeption zustande gekommen sind, sondern sich zufällig aus einer zeitlichen Stimmung heraus ergeben haben.

Alles im Industrial der ersten Jahre war selbststilisiert marginal und minoritär, selbst dort noch, wo man sich mimetisch faschistischer Symbole und Ausdrucksweisen bediente. Die Grenze zwischen sogenannter Normalität und Wahnsinn wurde in dieser Musik auf mehrfache Weise thematisiert, zum einen durch direkte Verweise auf die »Ars brut« (die Kunst und Musik der ›Geisteskranken‹, vor allem bei SPK), zum anderen durch bis an die Schmerzgrenze gehende Sounds, deren Intention meist offen blieb. »Intensität«, ein Schlüsselbegriff in den Texten von Gilles Deleuze, bestimmte das (anti-)musikalische Gemisch aus Rauschen, Brummen, Scheppern und Sägen, prägte die bis zum Zerbersten mit akustischer Information überladenen Sounds, bei denen die Klangquellen selbst oft nicht mehr auszumachen waren, also bewußt verwischt wurden, und Schläge auf Blech sich so verzerren konnten, daß sie wie Lust- und Schmerzensschreie zugleich klangen. Das völlig entgrenzte Brüllen in der Musik von WHITEHOUSE, eine Mischung aus Exerzierplatz und orgiastischem Stöhnen, klang wie der Soundtrack zu Foucaults Plädoyer auf den »infamen Menschen«, auf den von der Macht ausgegrenzten Wahnsinn, zugleich aber auch nach einem Szenario aus den Folterkellern der Gestapo. Was da affirmiert und was angeklagt wurde oder ob einfach nur ein Zusammenhang zwischen positiver, lusterfüllter und destruktiver Intensität aufgezeigt werden sollte, blieb oft völlig offen. Es blieb unbestimmt, ob hier im futuristisch-emphatischen Sinne dem Lärm als Ausdruck gesteigerter Lebensintensität gehuldigt oder ob der Lärm aus reiner Frustration heraus geboren wurde.

Die Begeisterung für Lärm und Destruktion kann je nach Lesart verschieden aufgefaßt werden. Wie schon während der Emphase der frühen Moderne, deren Spannungsbogen von den italienischen Futuristen bis zu linken Sozialutopien reichte, kann dieses apokalyptische Szenario rein beschreibend gedeutet werden (der Journalist Hans Jürgen Lenhart nannte Industrial in diesem Zusammenhang die »eigentliche Weltmusik unserer Zeit«) oder aber – ganz entgegengesetzt – wertend:

1) »Hoffentlich gibt es endlich wieder einen Krieg, etwas, das uns bewegt, tief erschüttert und Platz für eine neue, unverdorbene Generation schafft«, bzw.

2) »Unsere Lärmorgien sollen euch bis zur Schmerzgrenze dafür sensibilisieren, daß das Fundament, auf dem der Kapitalismus

»We're very interested in rhythms now. The basic inspiration or philosophy is that we're primitive, but primitive in an urban way – also primitive in our fascination with the ethnic primitive as well. I'm not saying we're an ethnic group, but we're aware (...) of that primitive force that goes through all of us. Instead of emulating ethnic primitivism we're modern primitives.«

CABARET VOLTAIRE, in *Industrial Culture Handbook*, Re/search Publications 1983

»What would happen to the aged and the handicapped if they were out in the jungle? They wouldn't survive.«

Boyd Rice

»Die Massenmörder, erklärt Rice, übernehmen in bestimmter Hinsicht die Funktion der Natur, indem sie, sozusagen als ›postmoderne Selektionsmechanismen‹, die Population dezimieren.«

Sascha Ziehn: »Boyd Rice/NON«, in *testcard* # 1, 1995

aufbaut, Gewalt ist, ein destruktiver Impuls, dem wir nur entgegentreten können, indem wir selbst die Kontrolle über die Maschinen übernehmen.«

Beide Lesarten sind möglich und auch von den verschiedenen Industrial-Vertretern durchgespielt worden. Die erste Variante beispielsweise findet sich bei Boyd Rice (NON) wieder, einem Industrial-Musiker der ersten Stunde, der seine Kakophonien Mitte der Siebziger noch als »aufklärerisches Ritual« gegen die Verdrängung von Schmerz verstanden wissen wollte, bald darauf aber zum von Erich Haeckel faszinierten Sozialdarwinisten mutierte und mit Douglas Pearce (DEATH IN JUNE) und Ian Read (FIRE & ICE) neue Freunde fand.

Es ist vielleicht bezeichnend, daß sich Boyd Rice erst Mitte der Achtziger offen als Faschist zu erkennen gab, der seine Musik von nun an als Ausdruck von Stärke verkaufte, als »Gothic March Music« im Kampf gegen »die Schwachen«, während sowohl er wie auch alle anderen (mitunter zweifelhaften) Industrial-Vertreter in den Siebzigern noch nicht den Rechten zugeordnet wurden. Dies mag mehrere Gründe haben. Zum einen speiste sich Industrial aus zahlreichen Elementen der Avantgarde, darunter Dada und Surrealismus, also aus Traditionen, die per se in dem Maße als nichtfaschistisch angesehen wurden, in dem sich der Haß der Nazis gegen all solche Formen von künstlerischem Modernismus gewandt hatte. Zum anderen spielte sich Industrial in einem Umfeld ab, in dem eine Vereinnahmung von rechts ziemlich aussichtslos war, also weitaus schwieriger noch als im Punk. Industrial war eine Sache zwischen Kunst- und Philosophie-Studenten, intellektueller Boheme und Plattensammlern mit Hang zum Obskuren, ein Spielfeld von Leuten also, die extreme Ästhetik gerade dafür liebten, von nichts und niemandem vereinnahmbar zu sein. Und in der Tat fanden die rechten Vereindeutigungen erst dort statt, wo auch musikalisch auf nahezu alle modernistischen Elemente verzichtet wurde.

»Folgerichtigkeit bedeutet im allgemeinen, an einer festgelegten Linie festzuhalten, zum Beispiel an einer marxistischen oder linksorientierten Linie – rechts oder links, das kommt alles aufs gleiche raus – was auch mittlerweile irgendwie alle merken.«

Operator, SPK, in *Rock Session* #6, Rowohlt 1982

In »The kids are not allright« schrieb Diedrich Diederichsen in einem ähnlichen Zusammenhang davon, wie 70er-Jahre-Projekte hatten kippen können, wie beispielsweise die Vernunftskritik von

Deleuze und Foucault neben aller linken Rezeption auch zu Syberberg und zum »*Matthes & Seitz*-Neofaschismus« führte. (Gemeint ist der Münchener *Matthes & Seitz*-Verlag, dessen Herausgeber neben Syberbergs antisemitischem Gewäsch Schriften von Barthes und Baudrillard veröffentlichten und diese über ihre Kommentare ins Weltbild der Neuen Rechten preßten.) Diederichsen glaubte, daß die politischen Korrekturen »immer dort gescheitert und umgekippt sind, wo sie nicht in einem Szene-Kontext eingebunden waren, der Eigendynamisierungen verhinderte (...)«.

»Das Wave-Gothik-Treffen hat quantitative und qualitative Dimensionen erreicht, die es zu einem Faktor im Massen-Kulturbetrieb der Republik machen. Es ist zu erwarten, daß Politisierungsversuche von links hier nicht fruchten: Das Scheinwerferlicht der Gedankenpolizei kann das Dunkel nicht mehr durchdringen.«

Mirko Juncker und Ellen Kositza, in *Junge Freiheit* Nr. 23/99

Eine solche Eigendynamisierung fand rund um Industrial tatsächlich ab der Zeit statt, ab der diese Musik nicht mehr in ein kritisches Umfeld eingebunden war. Als die ersten Schockwellen abgeklungen waren und sich Industrial schrittweise musikalisch wie mental auf Gothic und Dark Wave zubewegte, verlor die kritische Öffentlichkeit das Interesse an solch »seltsamen Gewächsen« und »bizarren Heiligen« (so Diederichsen 1986 in einer Plattenkritik zu DEATH IN JUNE) und überließ sie dem unkritischen Fantum von Magazinen wie *Zillo*. Von einer kleinen Fangemeinschaft gleichsam vergöttert wie von der Öffentlichkeit eher wohlwollend und schulterzuckend marginalisiert, konnte die Szene über Jahre hinweg quasi unbeobachtet ihre wildesten Blüten treiben.

Szenen bilden aber auch immer wieder eigene Kontrollmechanismen oder doch zumindest gegenläufige Tendenzen aus. Als verschiedene Antifa-Gruppen in den Neunzigern erstmals gegen die rechten Auswüchse rund um den »Apocalyptic Folk« aktiv wurden, hatte sich die Industrial-Szene selbst bereits ausdifferenziert und Wege der Abgrenzung vorgenommen. So wie die Hardcore-Bewegung mit ihrem Hang zur überdeutlichen politischen Korrektheit Mitte der Achtziger auf die ideologischen Verfehlungen des Streetpunk reagiert hatte, kam es in weiten Teilen der zweiten Industrial-Generation zu einer Abkehr von jeglicher Schockästhetik. Bands wie ILLUSION OF SAFETY, KAPOTTE MUZIEK, HAFLER TRIO und DET WIEHL, also der Kosmos rund um Labels wie *Staalplaat* und *Touch*, wandten sich den Bereichen Klangkunst, freie Improvisation und Musique Concrète zu, was später zum Teil auch Einzug in die Ambient- und Techno-Szene fand. Eine oft kleinteilige, aus Kontaktmikrophonen und gefundenen Objekten, aus Sinustönen und Radiorauschen zusammengesetzte, zurückhaltende und kontemplative Musik setzte deutliche Akzente gegen akustische wie verbale Brachialromantik. So fanden diejenigen, die sich aus guten Gründen selbst nicht mehr als Industrial bezeichnen würden, in die Kunstszene zurück. Um den Preis, versteht sich, politische Unbedenklichkeit dank apolitischen Ästhetizismus' erkauft zu haben.

»Dagegen dafür« – Strategien für die Achtziger

»Warum war KRAFTWERK nicht Neue Deutsche Welle, obwohl sie schon vor uns elektronisch dominierte deutschsprachige Musik machten? Die Unterschiede liegen im Detail. KRAFTWERK Musik hatte eine Langsamkeit und Schwere, die dem Zeitgeist zu Beginn der achtziger Jahre nicht entsprach. (...) Die Texte von KRAFTWERK behandelten oft wissenschaftlich-technische Themen oder gehörten, wie bei ›Das Model‹ eindeutig zur Welt der Werbung und der Schickeria. Für die junge Szene in Düsseldorf war das ein Feindbild.«

Moritz Reichelt / DER PLAN, in *Der Plan. Glanz und Elend der Neuen deutschen Welle*, 1983

Die Entwicklung von Subkulturen ist oft schwerer nachvollziehbar, als nachträgliche Zusammenfassungen vermuten lassen. Sie hängt von vielen szenein- und externen Faktoren ab, die wiederum auf momentane Stimmungen reagieren, auf Stimmungen, die getrost ›Zeitgeist‹ genannt werden können. Thomas Meinecke von FSK (FREIWILLIGE SELBSTKONTROLLE), ein Mensch, der nun wirklich von jeglichem Verdacht rechter Gesinnung frei ist, hat (im Vorwort zur Neuauflage von *Mode und Verzweiflung*) die subkulturelle Stimmung der ausgehenden Siebziger, also der Blütezeit von Punk und Industrial, als symbolpolitisch äußerst diffizile Zwickmühle beschrieben. Um gegen die alte Ästhetik der Hippies und Ökos zu opponieren, gegen deren latschiges Birkenstock-Auftreten mitsamt seinen reaktionären Erscheinungen (unter dem ökologischen Segen für saubere deutsche Kartoffeln und Rüben konnte schließlich auch so mancher Nationalismus wuchern), blieb im Grunde nur ein »Ja zur modernen Welt«. Also zum Beispiel so zu tun, als ob man für Atomkraft wäre, aber doch das Gegenteil zu meinen; »Zurück zum Beton« singen, wie S.Y.P.H. das taten, um die Ökos schockiert zurückzulassen und nur all jene ›Coolen‹ zu erreichen, die mit der Ironie etwas anfangen konnten. Eine Ironie, die »Ja« sagte zum Chic der Endzeitstimmung und damit ihr »Nein« gegenüber der Gesellschaft ausdrückte.

»Als flanierender Haufen hedonistischer Partisanen«, schildert Thomas Meinecke die Situation der neuen Pop-Boheme, »war es uns dann zunächst einmal darum gegangen, die herrschende Innerlichkeit der sozialdemokratisch verdorbenen Siebziger in die Flucht zu schlagen, um daraufhin diejenigen falschen Achtziger, welche sich irrtümlich im Schulterschluß mit uns wähnten, nicht minder erbarmungslos zu diskreditieren. Das Ja zur modernen Welt erschien uns dabei vorübergehend als die denkbar größte Möglichkeit politischer Dissidenz.«

Keine Band hat das »Ja zur modernen Welt« dermaßen deutlich an eine apokalyptische Untergangsstimmung gekoppelt wie die EINSTÜRZENDEN NEUBAUTEN aus Berlin, deren ganzer Habitus auf Konfrontation ausgerichtet und damit vergleichsweise unironisch, aber für kurze Zeit ungemein wirkungsvoll war. »Ich steh auf Lärm«, »Ich steh auf Viren«, »Ich steh auf Zerfall« – diese und ähnliche Bekenntnisse auf ihrem LP-Debüt *Kollaps* (»bis zum Kollaps / nicht viel Zeit«) erinnerten an vergleichbare Äußerungen von Jean Baudrillard, dem Modephilosophen der frühen Achtziger: »Wir müssen das System auf die Spitze treiben«, erklärte dieser, »damit es sich von selbst zerstört«. Wie sollte das gehen? Viele der jungen Bohemiens leisteten hierzu damals wohl nur den Beitrag, mit jeder Menge Haarspray das Ozonloch zu vergrößern.

Unter den Frühachtziger-Bands zwischen neuem deutschen Underground (der verbrauchte Ausdruck »Neue Deutsche Welle« würde es nicht treffen) und Punk standen die EINSTÜRZENDEN NEUBAUTEN dem Industrial zumindest ästhetisch am nächsten, auch wenn sie sich selbst nie als Teil dieser Bewegung angesehen haben. Mit allerlei Industrieschrott und Werkzeug, von Stahlfedern bis zum Preßlufthammer, ausgestattet, einem Equipment, das sie auf dem Rückcover von *Kollaps* in Anlehnung an PINK FLOYDs *Ummagumma*-Backcover abgebildet hatten (auch hier ein PINK FLOYD-Bezug, der sich deutlich von deren alter Ästhetik abgrenzte), inszenierten die EINSTÜRZENDEN NEUBAUTEN ein bis dahin nicht gekanntes Lärmspektakel. Die ästhetischen Anlehnungen an den italienischen Futurismus und dessen Lärmbegeisterung waren überdeutlich, doch inhaltlich war dies alles

»Gender-phänomenologisch war Punk ein Aufbegehren männlicher Jugendlicher gegen das weibliche Element, das die Subkultur der siebziger Jahre mehr und mehr dominiert hatte; ein Ausbruch zorniger junger Männer gegen die repressive neue Mütterlichkeit der WG-Gesellschaft und gegen das Hippietum. In einer Epoche der sich auflösenden Formen gab es wieder Sehnsucht nach scharfen Konturen.«

Moritz Reichelt / DER PLAN, in *Der Plan. Glanz und Elend der Neuen deutschen Welle*, 1983

»Für mich ist jetzt Untergangszeit, die Endzeit – endgültig. Das läuft noch drei oder vier Jahre, dann ist's vorbei. Da gibt's bei mir nix. Untergang ist Untergang.«

Blixa Bargeld, EINSTÜRZENDE NEUBAUTEN, in Döpfner/Garms (Hg.): *Neue deutsche Welle*, 1984

»Wir hatten also so eine Art Kriegerkaste kreiert. Eine eigene DAF-Kultur. Das war ja nicht nur Musik. Das war nicht nur Style. Das war eine Art zu leben. Extrem radikal. Keine Angst.«

Gabi Delgado / DAF, in Jürgen Teipel: *Verschwende Deine Jugend*, 2001

andere als euphorisch-zukunftsweisend konnotiert. Bereits das Auftreten der Musiker in schwarzen Klamotten, abgemagert und mit selbstgeschnittenen, verkrotzten Frisuren, signalisierte Heroin-Chic, die Lust an der Selbstzerstörung und natürlich – ziemlich pubertär – das ausweglose Leiden an der Beschaffenheit der Welt.

Der Anti-Hippie-Impuls hat zu zahlreichen Formen der Abgrenzung geführt, die vor allem gegen das Weiche und Zarte, gegen eine pazifistische Mentalität opponierten – und zwar aus einem Gefühl der Entfremdung und Frustration heraus, dem der Pazifismus als Ausdruck von Opposition einfach nicht mehr genügte. Dadurch kam es an vielen Stellen entweder zu einer Neubewertung von Männlichkeit, Härte und der geschilderten Haß-Attitüde im Punk und Industrial oder aber – meist ironisch zugespitzt – zu einer emotionslosen Panzerung im New Wave, wo Musiker wie DEVO, Gary Numan und David Byrne von den TALKING HEADS sich auf der Bühne roboterhaft, wie fremdgesteuert bewegten.

Pop wurde über die neuen subkulturellen Bewegungen nicht nach rechts hin verschoben, sehr wohl aber militanter. Alles als weiblich Empfundene, aller Soul und jeglicher Groove sind von einer neuen Generation wütender junger Männer verdrängt und der damals zutiefst verhaßten Disco-Bewegung überantwortet worden. Die Szene wurde von einer Welle der Misogynität überschwemmt, die streckenweise groteske Züge besaß. Simon Reynolds und Joy Press haben in ihrem Buch *The Sex Revolts* sehr genau herausgearbeitet, wie stark das neue Image des Rebellen mit einem Haß auf alles Weibliche einherging, etwa bei Nick Cave, seinerzeit Sänger bei BIRTHDAY PARTY, der für seinen Nihilismus und Weltekel kaum andere Bilder fand und bis heute findet, als permanent den Mord an Frauen zu besingen.

»Unsre Kleidung ist so schwarz.
Unsre Stiefel sind so schön.
Links den roten Blitz.
Rechts den schwarzen Stern.
Unsre Schreie sind so laut.
Unser Tanz ist so wild.
Ein neuer böser Tanz.
Alle gegen alle.«

DAF: »Alle gegen alle«, auf *Alles ist gut*, 1981

Und doch besteht ein wesentlicher Unterschied zu den neuen Männerbildern, wie sie im Laufe der Achtziger (vor allem durch die Verbreitung der TV-Musiksender) aufgekommen sind: Sowohl im HipHop wie im Rock (der Nackte-Oberkörper-Tattoo-Kult) konnten sich triumphale männliche Posen etablieren, die den Gegenkulturen der ausgehenden Siebziger noch fremd wa-

»Sei still.
Schließe deine Augen.
Bitte denk an nichts.
Glaube mir.
Alles ist gut.
Alles ist gut.«

DAF: »Alles ist gut«, auf *Alles ist gut*, 1981

ren. Der männliche Rebell von damals spielte nicht den Helden, sondern den Gebrochenen. Anfang der Achtziger, bei einem Konzert der New Yorker Noise- und No-Wave-Band THE SWANS, spielten bereits nackte, verschwitzte Oberkörper und Muskeln eine wichtige Rolle. Den Großteil des Konzertes verbrachte Sänger Michael Gira jedoch in gekrümmter Haltung, warf sich ständig auf die Knie, wälzte sich, nur mit Unterhose bekleidet, auf dem Boden – für das Publikum in den ersten Reihen war deutlich zu erkennen, wie sich ein brauner Streifen auf der weißen Unterhose abzeichnete. Dies ist mehr als nur eine Anekdote, denn es zeigt – in Abgrenzung zu Männlichkeits-Posen im Gangsta-Rap, bei Crossover-Recken wie BIOHAZARD und ›Härte-Königen‹ wie RAMMSTEIN –, daß in der damaligen Repräsentation von Männlichkeit auch ein gehöriger Anteil von Selbstekel und Unterwürfigkeit vorhanden war, eine Art autodestruktive Offenheit, sich selbst als »White Trash«, also als Verlierer zu präsentieren. Solche Inszenierungen des eigenen Kaputtseins sollen hier nicht als besonders authentisch verklärt werden, sie zeigen lediglich, wie nahe seinerzeit noch musikalische Härte und das Eingeständnis von Schwäche beieinander lagen. Heute dagegen wäre der braune Streifen in der Hose nur noch als Comedy denkbar, als Fäkal-Gag bei einer Band wie KNORKATOR beispielsweise.

Selbst die äußerst martialisch auftretenden DAF (DEUTSCH AMERIKANISCHE FREUNDSCHAFT), um hier mit dem politisch umstrittensten Beispiel der frühen Achtziger zu schließen, zelebrierten eine äußerst gebrochene, also offen fragwürdige Form von Männlichkeit, hinter deren semifaschistischer Pose immer auch die Kehrseite des Totalitarismus zum Ausdruck kam: willenloser Gehorsam, Selbstaufgabe (»Verschwende deine Jugend«), schließlich Tod und Vernichtung. Entgegen einiger äußerst unbedarfter und zum Teil dummdreist provokativer Statements der DAF-Mitglieder in Interviews, muß ihre Musik doch gegenüber falschen Vereinfachungen verteidigt werden. Als DAF »Tanz den Mussolini« und »Tanz den Adolf Hitler« sangen, haben die Kritiker dieser Nummer meist unterschlagen, daß in dem Song auch die Zeile »Tanz den Jesus Christus« vorkam, was zusammen genommen einen bitterbösen Abgesang auf jegliche

»Was haben wir damit zu tun, daß Juden vergast worden sind, was haben wir mit Hitler zu tun; das ist, wie wenn jemand vom alten Rom erzählt, wo ja auch viele schlimme Sachen passiert sind mit den Löwen in der Arena und der Christenverfolgung.«

DAF, zit. n. Döpfner/Garms: *Neue deutsche Welle*, 1984

»SHAM 69's ›If the kids are united‹ war der erste Song, zu dem ich auch in Hamburg, ein Jahr später, 1979, Skinheads gröhlen sah. Arbeitereinheitsfront unter Führung der SA. Da wollten welche die Welt ändern, denen sie nicht gefiel. Einer von ihnen sitzt noch heute wegen Totschlags eines Türken. Er war der Unbedarfteste, die anderen sind in Nazi-Parteien oder in die Hamburger Halbwelt fest integriert worden.«

Diedrich Diederichsen, zitiert von Klaus Walter in dessen Essay: »The Kids Are Not Alright«, in *alles so schön bunt hier – Die Geschichte der Popkultur von den Fünfzigern bis heute*, 1999

Führerfigur darstellt; ein Song, der sich damit ganz in die gegen jegliche Form von Autorität gerichtete Stimmung der Zeit einfügte und der einen direkten ideologischen Zusammenhang zwischen den »Jesus Christ Superstar«-Blumenkindern und Vereinigungen wie der Hitlerjugend zog.

In Ablehnung von Autorität schlechthin war es seinerzeit strategische Taktik, Militarismus und Männlichkeit zu affirmieren, um so zu verdeutlichen, daß längst nicht mehr nur der General, die uniform sichtbare Seite der Macht, eine bekämpfenswerte Autorität darstellte, sondern auch der Sozialkundler im Wollpullover. Die ästhetische Zweideutigkeit wurde notwendig, um eine Vielzahl von Gegnern gleichzeitig zu benennen und sich von keiner dieser Seiten vereinnahmen zu lassen. Erst dort, wo es eindeutig wurde – also bereits Ende der Siebziger im Street- und Oi!-Punk –, wurde aus inszenierter Härte offen faschistische Gesinnung. Dies gilt in ähnlicher Weise auch für die weitaus komplexere, von zahlreichen Einflüssen gespeiste Industrial-Bewegung: Um mit NON und DEATH IN JUNE in rechte Gesinnung zu münden, bedurfte es zahlreicher Vereindeutigungen, die sich nicht zuletzt in einer redundant-volkstümelnden Musik und einem poetisierenden Geschwirbel niederschlugen, das nicht auf Ambivalenz, sondern Verdunklung zielte. Die Rechte nämlich kennt keine Ambivalenzen und ästhetischen Brüche, da sich rechte Gesinnung nicht auf Zweifel, sondern auf Identität stützt.

»Bis in die 90er-Jahre reichte der Konsens, dass jemand, der die richtige Musik hört, die richtigen Filme mag und die richtigen Klamotten trägt, auch automatisch die richtige politische Einstellung hat. Gallo hat diesen Konsens aufgekündigt. Die Dinge sind wohl nicht mehr so einfach, wie sie einmal waren.«

Thomas Winkler, in *taz*, 21.9.01, über den antisemitischen, homophoben Musiker, Schauspieler und Regisseur Vincent Gallo und dessen *Warp*-Veröffentlichung *When*

1989 Post Rock

Wir spulen vor. Wir nähern uns dem Heute. Nicht, weil es seit Mitte der Achtziger keine Musik mehr gegeben hätte, die es wert wäre, unterm Gesichtspunkt politischer Mentalitäten und subkultureller Abgrenzungen betrachtet zu werden. Da gab es sehr viel. HipHop wurde groß; Hardcore und dessen ganze Spielarten von Emo bis Grind entdeckten die Möglichkeit, eine Verbindung zwischen Haß-Musik und political correctness herzustellen; die ersten Raves fanden in Großbritannien unter politisch linken

Vorzeichen statt, die Initiatoren der Love Parade entdeckten dagegen Berlin noch vor Gerhard Schröder als ideale Metapher für die Neue Mitte und zelebrierten Popkultur unter neoliberalen Vorzeichen.

Und doch ist auf dem Weg in die Neunziger eines verschwunden: die Verläßlichkeit, Pop- und Subkultur stünden notwendigerweise für Abgrenzung und Gesellschaftskritik, einmal ganz abgesehen von linker Kritik. Diese Verläßlichkeit ist in dem Maße zusammengebrochen, in dem sich auch keine Subkultur nach altem Muster mehr gebildet hat.

Grunge, der seinen Boom zu Beginn der Neunziger hatte, wird immer wieder als letzter, wenn auch gescheiterter Versuch angeführt, eine solche Subkultur nach alten Parametern zu errichten. Schon Grunge scheiterte weniger an der Tatsache, daß die ›Bewegung‹ von den Medien gemacht worden war (dasselbe ließe sich auch über Punk sagen), sondern daß die daran Beteiligten selbst bereits in politischer Hinsicht völlig sprachlos waren. Kurt Cobain war nicht nur, wie *Spex* geschrieben hat, »der erste MTV-Tote« – die ganze ›Bewegung‹ kann als erste Subkultur gelten, die ihr Zentrum nicht auf der Straße, sondern auf den Bildschirmen hatte.

Mit dem Aufkommen des Musikfernsehens (MTV ging 1981 auf Sendung) beschleunigte sich der Prozeß, daß Pop immer weniger als soziales, sondern als medial vermitteltes Element wahrgenommen wurde. Die Musiksender haben Rock'n'Roll zur ständigen Aneinanderreihung von Posen werden lassen, in der sich die Abgrenzung von den vermeintlichen Spießern jenseits jeglicher inhaltlicher Ebene vollzieht und damit nicht einmal mehr auf so etwas wie eine ›subkulturelle Community‹ abzielt.

»Man sehe sich nur eine der vielen MTV-Sendungen an«, schrieb Gerald Hündgen (in seinem Artikel »Fourth Reich'n'Roll« in *Soundtracks für den Volksempfänger*), »die sich US-Bands des Hardcore-Genres widmen, und man wird eine staunenswerte Ansammlung infantiler Posen finden: Von der störrischen Verweigerung einer Antwort, dem bewußt inszenierten Hinlümmeln, gekrönt durch einen sonoren Rülpser (…), dem von fahrigen Handbewegungen begleiteten unverständlichen Geschnoddere

»MTV verwischt all die vielen Unterschiede, die in der Moderne so sorgfältig aufgebaut wurden. In diesem Sinne präsentiert es eine revolutionäre Kunstform. (…) MTV verwischt sämtliche Grenzen, nivelliert all die vielfältigen Abstufungen der menschlichen Erfahrung zu einer einzigen, flach spielenden Oberfläche, auf der alle Phänomene als reine Bilder existieren, die mit Blitzgeschwindigkeit aufeinander folgen, ohne erkennbaren Kontext oder erkennbare Kohärenz. (…) MTV ist weniger Parodie als ein Pastiche. Hier gibt es nichts zu beurteilen oder zu kritisieren. (…) MTV ist Erfahrung ohne Kontext. Das Programm vermittelt das Unbewusste – ein zeitloses Reich, in dem Fantasien jeglicher Art auf den Bildschirm sprudeln, nur um in der nächsten und übernächsten wieder zu verschwinden. MTV ist traumähnliche Unterhaltung, unbelastet von Geschichte oder Geographie.«

Jeremy Rifkin, in *Access. Das Verschwinden des Eigentums*, 2000

»Wer über MTV sprechen will, darf nicht vergessen, in welcher Epoche der Sender großgeworden ist. Als MTV 1981 startete, bewegte sich die Popwelt in einem Vakuum. Punk war – trotz gegenteiliger Selbststilisierung – schon lange tot. Zarte Popknaben und esoterische Existentialisten stellten sich gern als telegenes und konsumfreundliches Sendematerial zur Verfügung. Das Wort ›Rebellion‹ flog aus dem Vokabular, Ersatz war schnell gefunden: ›Karriere‹ war das Wort der Stunde, wie sich der Erfinder des Punk und Manager der SEX PISTOLS Malcolm McLaren erinnert: ›Dieses Wort Karriere gehörte in den Sechzigern überhaupt nicht in mein Vokabular. Du bist nie in solchen Zirkeln großgeworden, wo Leute Karriere machten. Es reichte, zu existieren, in einer Welt, von der du glaubtest, daß es deine sei. Und all die Abenteuer gab's umsonst.‹ In den Siebzigern, so McLaren, ›wurden die Abenteuer weniger und seltener. Und als wir uns in die Achtziger bewegten, verschwanden sie ganz. (...) Die Musik der Achtziger war entworfen für Leute, die Karriere machen wollten.‹«

Thomas Langhoff: »Video Killed The Radio Star«, in *alles so schön bunt hier – Die Geschichte der Pokultur von den Fünfzigern bis heute*, 1999

bis zum angestrengt debilen Gegrinse, das signalisiert, wie blöd es die Fragen der Erwachsenen findet.«

Infantiles Gehabe dieser Art haben die ROLLING STONES schon in den Sechzigern und die SEX PISTOLS verstärkt in den Siebzigern an den Tag gelegt, doch als medialer Dauergag ist es erst über das Musikfernsehen zu einem selbst schon konservativen Abgrenzungsmuster geworden, das sich zugleich in Sachen Abgrenzung völlig auf jene berechenbaren Posen beschränkt. Ein solches Verhalten wird mit Coolness gleichgesetzt, einer Coolness, die wiederum auf die Naturwüchsigkeit und also Authentizität des Rock'n'Roll verweisen soll, welche in den USA noch immer besonders fundamentalistisch gepflegt wird. Grunge-Musiker, allen voran NIRVANA, hatten es schwer, in einem derart formatierten Rahmen ihre eigenen Vorstellungen von Authentizität durchzusetzen, die sich gerade dieser allgemein gepflegten Oberflächlichkeit widersetzen wollten. Unter »authentischem« Auftreten verstanden die meisten Grunge-Musiker keine überaffektierte Coolness, sondern gewissermaßen Normalität, den »nice fellow« von nebenan, also ein grüblerisch-introvertiertes Mittelklasse-Auftreten, gepaart mit dem Mut, sich auch Schwäche einzugestehen.

Nach zehn Jahren erfolgreicher Oberflächenbildung hat das Format-TV dafür gesorgt, daß NIRVANAs Versuch, die Strukturen von innen heraus aufzubrechen, daran scheitern mußte, selbst nur noch als Oberfläche rüberzukommen. Nicht, daß die Rockmusik an sich bis zu Beginn der Achtziger mehr Substanz besessen hätte, doch die ganze subkulturelle Assoziationskette, die jedes x-beliebige Phänomen damals noch losgetreten hatte, war versickert. Wo einmal zum Beispiel ein rotes Halstuch Spekulationen über politische oder sexuelle Signale geschürt hat, hat das Musikfernsehen es geschafft, die Macht der Bilder dermaßen ins Aussagelose zu erhöhen, daß sogar die immer eindeutiger werdende politische Symbolik auf nichts mehr verwies. Warhol hätte seine Freude gehabt.

Natürlich ist der Einfluß von MTV auf Auftreten, und Wirkung von Bands nur *ein* Faktor gewesen, politische Wirksamkeit im Pop abzutöten, und zwar durch das Fehlen einer kommunikativen

Ebene abzutöten. Eine solche Ebene wurde ebenfalls mit dem flächendeckenden Absterben beziehungsweise durch die städtische Übernahme alternativer Jugendzentren in Deutschland beschleunigt. Solche Zentren, meist schon in den Siebzigern entstanden und zum Teil von der Hausbesetzer-Bewegung getragen, waren bis tief in die Achtziger hinein Dreh- und Angelpunkt der Hardcore-Szene, aber auch des frühen deutschen HipHop. Entscheidend für die politische Wirkung, die die Musik dort beinahe automatisch erhielt, war die ganze kommunikative Situation – etwa, daß dieselben Häuser, in denen Punk- und Hardcore-Konzerte stattfanden, auch Treffpunkte der Antifa waren, sogenannte »Infoläden« hatten, also Bibliotheken mit Büchern und Zeitschriften aus dem linken Spektrum, was neben der obligatorischen, blauen M/E-Gesamtausgabe von Walter Benjamin und Adorno bis zu Antonio Gramsci und Toni Negri reichte, von *konkret* bis zur *Radikal*.
Es ist bezeichnend, daß Gerald Hündgen von »US-Bands des Hardcore-Genres« schrieb, die sich seit mehr als einem Jahrzehnt besonders auffällig infantil auf MTV räkeln. Dies entspricht dem radikalen Wandel, den Hardcore seit den ausgehenden Achtzigern erfahren hatte. Mit dem Moment, in dem die Liaison zwischen HC-Szene und linken Zentren auseinanderbrach (»Wir können uns die meisten Bands gar nicht mehr leisten«, erzählten zum Beispiel die Musikveranstalter des AJZ Bielefeld 1997: »Wer vor einigen Jahren noch bei uns spielte, tritt heute in kommerziellen Clubs auf.«), verlor die Musik beinahe schlagartig ihr politisches Profil. Ein Profil, muß ergänzt werden, das in vielen Fällen auch einfach nur in gewisse Bands hineininterpretiert wurde, weil sie lange Zeit in einem linken Kontext auftraten, ohne ihm jedoch selbst zu entstammen. Dies zumindest gilt für einen Großteil der US-Hardcore-Bands, die noch bis in die ausgehenden Achtziger durch autonome Jugendzentren getingelt waren und die sich kurz darauf nahtlos auf den großen Sommer-Open-Airs wiederfanden.

»Damals (zu Punk-Zeiten, d.V.) gab es immerhin aufgeschlossene Sozialarbeiter, fortschrittliche Pädagogen und weite Teile der künstlerischen Avantgarde, die ihn als authentischen Ausdruck der nicht vereinnahmten Jugend betrachteten oder sich sogar damit identifizierten. Beim Rechtsrock sind sie sich alle einig vom staatlich bestallten Jugendschrifttumsprüfer bis zum Anarchopunk. Mit den hergebrachten Kriterien, mit denen sie Rock'n'Roll bisher beurteilt haben, kommt alleine der staatliche Zensor aus. Ihm, dem Hippies und Punks, ›Legalize it‹ und ›Anarchy In The UK‹ allesamt nur taktische Finessen in einer Gesamtstrategie zwecks Unterhöhlung der Fundamente abendländischer Kultur waren, bereitet es keine Schwierigkeiten, auch STÖRKRAFT und RADIKAHL in ein und dasselbe moralische Abseits zu bannen. Probleme hat allerdings der Anwalt des Rock'n'Roll, der gerade nicht gleiches Recht für linken wie rechten Rock'n'Roll will.«

Gerald Hündgen: »Fourth Reich'n'Roll«, in *Soundtracks für den Volksempfänger*

Bis in die Achtziger hinein hätten es fast alle Subkulturen als Beleidigung aufgefaßt, als Teil der Mitte, also Mehrheit zu gelten. Subkultur definierte sich geradezu durch Ablehnung der

»Pop im Parlament. Die große parlamentarische Anfrage zur Situation der Rock- und Popmusik in Deutschland. Auf Initiative der CDU wird voraussichtlich noch in diesem Jahr erstmalig im Bundestag über Popmusik diskutiert werden. Die Union versteht in diesem Kontext Rock- und Popmusik als politisches Anliegen einer modernen Partei.«

Ankündigung aus dem Katalog der *PopKomm*, 2001

Mehrheit und des mehrheitlichen Geschmacks. Mitte der Neunziger veröffentlichten Tom Holert und Mark Terkessidis den Reader *Mainstream der Minderheiten*, in dem eine Kernthese davon ausgeht, daß die Kategorien Mainstream und Underground kein Gegensatzpaar mehr bilden. Der Mainstream hat sich die Elemente des Undergrounds einverleibt und es so geschafft, eine aktive Subkultur nach der anderen brach hinter sich zu lassen. Dem gegenüber muß ergänzt werden, daß das Bewußtsein, einer Minderheit anzugehören, und vor allem der Wille, Minderheit zu sein, selbst keine Grundwerte mehr innerhalb der Popkultur darstellen. Pop seit den Neunzigern will fast immer Zugehörigkeit zur Mehrheit, zur Mitte – und die ist tendenziell rechts.

Das Bedürfnis nach sozialer Zugehörigkeit durchzieht mit Ausnahme weniger »Chaostage«-Punks längst nahezu alle Szenen und deren zu Events gewordene Versammlungen, ganz gleich, ob es sich um ein BEASTIE BOYS-Konzert auf einem der großen Open Airs handelt, um die »Love Parade« oder um ein RAMMSTEIN-Spektakel. Soziale Zugehörigkeit meint hier also nicht das Bedürfnis, sich mittels einer Subkultur vom »Normalbürger« abzugrenzen und innerhalb der Gruppe so etwas wie Solidarität zu erfahren, sondern sich je nach Geschmack für eine der Musikkulturen zu entscheiden, die an sich schon in der gesellschaftlichen Mitte steht.

»›Motor‹ verlangte ganz am Anfang mal, dass wir wie die Krupps ein durchgestrichenes Hakenkreuz mit Papierkorb auf unsere Platten malen, denn EBM galt generell als rechts. Aber so sind wir nicht. Warum sollen wir uns im Vorfeld für etwas entschuldigen, was mit uns nichts zu tun hat? Auf einer Salztüte steht ja auch nicht ›ohne Zucker‹ drauf.«

RAMMSTEIN, im Interview mit *Visions*, 2001

Mitte, das ist in diesem Fall auch eine Frage des Auftretens und mit ihm eine bis zur Impertinenz gesteigerte Selbstsicherheit. Punk und mit Abstrichen auch noch Grunge waren Verunsicherungs-Subkulturen, von Verunsicherten mit verunsichernder Wirkung ins Leben gerufen, weil dort Härte (trotz aller destruktiven Gesten, gegen die ja nicht automatisch etwas einzuwenden ist, etwa das Zertrümmern des Schlagzeugs) nicht mit der Mentalität der Sieger, sondern mit der des Opfers daherkam. Dieser Unterschied zu heutigen Mitte-Phänomenen der Härte erscheint mir zum Verständnis dafür, wie Pop sich auf symbolpolitischer Ebene gewandelt hat, so zentral, daß ich ihm im zweiten Teil des Buches ein eigenes Kapitel widmen werde. Punk und Grunge wurden, wo nicht bereits kulturindustriell verhärtet und ausgehöhlt, von Personen nach vorne getrieben, die sich ganz bewußt als Opfer der Gesellschaft stilisierten, als nicht dazugehörige Außenseiter.

In dem Maße allerdings, in dem Pop zur alles bestimmenden Leitkultur geworden ist und sich also vom neoliberalen Popanz des Jeder-gegen-jeden und Wer-sich-durchsetzt-überlebt nicht mehr unterscheidet, ist Anpassung ans Prinzip der Überlegenheit zum bestimmenden Paradigma des Pop geworden. Das Faschistische an einer Band wie RAMMSTEIN ist nicht so sehr ihr Spiel mit Feuer und das rollende »R«, sondern die Tatsache, daß sämtliche Gesten der Männlichkeit und Härte hier für Sieg und Überlegenheit stehen – ein Phänomen, das in seiner Drastik zumindest dem kritischen Betrachter die Nähe zwischen neoliberalem Überlebenskampf und Sozialdarwinismus vor Augen führen kann.

Die neben RAMMSTEIN unter anderem von Bands und Musikern wie Joachim Witt, Lacrimosa, IN EXTREMO und SUBWAY TO SALLY gepflegte »Neue deutsche Härte« zeichnet sich nicht durch eine extreme Randständigkeit aus, sondern ist bereits stilistisch und also materialästhetisch die Suche nach der bestmöglichen und bestverkäuflichen Mitte, ein Crossover aus martialischen EBM-Rhythmen, Gothic-Elementen und Heavy Metal, gerne auch mit mittelalterlicher Spielmannsleute-Melodik gepaart und einer Spur (äußerst ungroovy eingesetzem) Rap. Hinter keiner dieser Bands verbirgt sich etwas Rechtes im Sinne rassistischer und völkischer Ideologie, alle jedoch sorgten für eine Neubewertung des Nationalen, also Deutschen im Pop, indem sie diesem ein ganz besonderes Image gaben. Nicht das Deutsche ist dabei das Problematische, sondern die ganz spezifischen Werte, die dem Deutschen damit gegeben werden.

Nehmen wir dagegen Gruppen wie THE WIRTSCHAFTSWUNDER, FEHLFARBEN oder FSK, die ebenfalls eine ganz spezifisch deutsche Popästhetik entwickelt haben: Bei diesen Bands war beziehungsweise ist (FSK sind die einzigen unter den hier Genannten, die es noch immer gibt) das Deutsche stets gebrochen, also als Wert in Frage gestellt worden, etwa wenn der WIRTSCHAFTSWUNDER-Sänger, selbst ein Gastarbeiter, mit starkem italieni-

»Die Neue Deutsche Welle ist eine Musikrichtung. Und doch ist sie mehr als das. (...) Als Folge der kaum zu bewältigenden NS-Vergangenheit befanden sich die meisten deutschen Rockmusiker der sechziger Jahre in einer unüberwindbaren nationalen Identitätskrise. Erst Anfang der Achtziger vollzog sich dann jene wundersame Wandlung des popmusikalischen Sprachgefühls. Gemäß dem Klischee deutscher Gründlichkeit ging man die Umstrukturierungen peinlich sorgfältig und nahezu einschränkungslos an. Auf die einstmalige Verbannung deutscher Texte folgte das krasse Gegenteil: Eine hemmungslose Einkaufseuphorie der Schallplattenindustrie. Alles, was deutschsprachig war, wurde gierig verschlungen, will sagen, mit Verträgen gebunden. Die traurige Bilanz zeigte, welcher Vielzahl von Dilettantenkapellen auf diese Weise der Weg zu einem unverdienten Plattenvertrag geebnet worden war. Dennoch blieb nach dem schmerzlichen Kater, den diese rauschende Einkaufsorgie hervorrief, bei den Plattenfirmen eine gewisse Fixierung auf ›typisch Deutsches‹ haften.«

Döpfner & Garms: *Neue Deutsche Welle – Kunst oder Mode?*, 1984

schem Slang sang, wenn FEHLFARBEN auf *Monarchie und Alltag* eine Vorstadt-Betonsiedlungs-Tristesse aufkommen ließen, die an die Nüchternheit so mancher Fassbinder-Filme erinnerte, oder wenn FSK in ihren Beat tumbe, klotzfüßige Volksmusik integrierten, die so gar nicht für patriotische Gefühle taugte.

Vergleiche dieser Art, die bis in die frühen Achtziger zurückreichen, sollen nicht dazu dienen, nachträglich irgend etwas zu verklären. Gerade im Zuge der Neuen Deutschen Welle sind ja selbstredend nicht antideutsche Querulanten in den Mainstream aufgestiegen, sondern Musiker, die mit Markus zynisch doppeldeutig mal wieder »Gas geben« wollten, um »Spaß« zu haben, die also die passende neue Jugend zu den Mißtrauensvotums-Gewinnlern abgaben. Es sollte auch nicht verschwiegen werden, daß die Neue Deutsche Welle, deren Boom in die Zeit des Nato-Doppelbeschlusses und eines stark ausgeprägten Antiamerikanismus' fiel, so manche deutschtümelnde Note hervorgebracht hat. Dennoch gibt es einen entscheidenden Unterschied: Die damaligen Subkulturen mit ihrer apokalyptischen Grundstimmung, ihren (auto-)destruktiven Impulsen und ihrer Mischung aus Dilettantismus, Paranoia und Nonsens haben ganz bewußt Nischen gegen vorherrschende ökonomische Verwertungsmuster geschaffen, haben sich mit voller Absicht in ein Draußen begeben, das den eigenen, wenn auch nur gespielten Wahnsinn einer auf brutal kapitalfixierten Vernunft als letzte mögliche Verweigerung entgegensetzte.

In Deutschland gibt es heute dagegen interessanterweise nur eine einzige Band, deren Erfolg zumindest dem Gestus nach noch nach alten subkulturellen Mustern funktioniert – das sind die BÖHSEN ONKELZ. Ihr Image, von allen gehaßt und geschmäht, also nicht von der Mitte aufgenommen zu sein, gibt auch den Fans das gemeinschaftliche Gefühl, am gesellschaftlichen Rand zu stehen, eine Art stolze Außenseiterposition, die dem frühen Punk nicht unähnlich ist. Ich schreibe jedoch bewußt, *nur dem Gestus nach,* denn auch die BÖHSEN ONKELZ repräsentieren nicht irgendeinen Rand der Gesellschaft, sondern deren Mehrheit. Sie repräsentieren nicht die Mitte, die in abendlichen Talkshows den Ton angibt, wenn Schröder, Westerwelle und Merkel

»Warum ich BÖHSE ONKELZ-Fan bin, wird in dem Lied ›Zu nah an der Wahrheit‹ zum Ausdruck gebracht. Genau wie sie gehe ich den harten Weg: (...) Ich glaube ganz fest an mich selbst und an meine Träume. Ich bin stolz darauf, eine Außenseiterin zu sein. Denn nur dadurch ist man überlebensfähig!«

BÖHSE ONKELZ-Fan, in Klaus Farin: *Buch der Erinnerungen. Die Fans der Böhsen Onkelz*, 2000

aufeinandertreffen, sondern all jene, die nachmittags bei *Arabella* und Co. zu Wort kommen.
Sehr viele Faktoren haben dafür gesorgt, daß Popkultur zur herrschenden und alles beherrschenden Ausdrucksform der Neuen Mitte hat werden können. Daß sich Wolfgang Niedecken von BAP etwa zeitgleich mit Joseph Fischer für die Nato-Einsätze in Jugoslawien aussprach, zeigt, daß diese Band (und mit ihr jene engagierte, friedensbewegte Rockkultur, für die sie einmal stand) dieselbe Entwicklung genommen hat, die die Grünen als Partei nahmen. Nach mehr als zwei Generationen, die mit Rock und Pop sozialisiert wurden, hat die Musik alle Aura in Sachen Rebellion und gesellschaftliche Bedrohung verloren und ist dermaßen zum Konsens geworden, daß es inzwischen fast schon wieder ein subversiver Akt ist, als Jugendlicher Gustav Mahler statt PRODIGY zu hören und Thomas Bernhard statt Benjamin von Stuckrad-Barre zu lesen. Oder, wie Detlef Diederichsen sinngemäß Mitte der Neunziger anläßlich des Easy-Listening-Booms in einem Interview sagte: Für jemanden, dessen Eltern ROLLING STONES hören, gibt es kaum etwas Wirkungsvolleres, als sich gegen sie mit Hilfe von James Last und Herb Alpert abzugrenzen.
Es wäre dennoch fahrlässig, in einen Fatalismus zu verfallen und diese Entwicklung als ganz natürlich hinzunehmen. Es sind im Gegenteil ganz bestimmte Personen und mit ihnen ganz bestimmte Diskurse, die eine solche Entwicklung hin zur Mitte – darunter auch die Nationalisierung der Popkultur – lanciert und beschleunigt haben. Einige von ihnen sollen im nächsten Kapitel vorgestellt werden.

»Jetzt, da die Siegermächte ihre letzten Besatzungstruppen abgezogen haben, müßte es doch das Interesse einer jeden Partei sein, unserem Land nicht seine eigene Gegenwartskultur vorzuenthalten. (...) Es ist schon mehr als grotesk, daß unsere eigenen Musiker keine Einreisegenehmigungen in deutsche Funkhäuser bekommen und als unerwünschte Minderheit abgeschoben werden, nur weil sie sich in unserer Muttersprache artikulieren. So werden wir Zeugen einer beispiellosen Vernichtungsaktion unserer einheimischen Musikszene.«

Achim Reichel, in *Rockmusiker*, 1996

Von der Quote zum nationalen Pop

Bevor der Begriff »Neue deutsche Härte« geprägt und die entsprechende Musik dazu erfunden war, kam es in Deutschland bereits zu einer schrägen Diskussion, die so etwas wie nationalen Pop zu etablieren versuchte. Mitte der Neunziger, zu einer Zeit also, als hierzulande vor allem *eine* Jugendkultur die Medien beherrschte, nämlich die der brandmordenden Neonazis, tauchten plötzlich zwei Namen auf, die man eigentlich längst für verschollen gehalten hatte: Heinz Rudolf Kunze gab dem *Spiegel* 1996 ein Interview, Dieter Thomas Heck dem *Musikexpress*; beide forderten eine Quote für deutsche Musik nach französischem Vorbild. »Es ist doch wichtig, daß die Leute überhaupt wieder Schlager hören«, war das Interview mit Heck überschrieben, ganz so, als ob sich zu dieser Zeit kein Mensch mehr für Schlager interessiert hätte. Im Grunde hätte die Überschrift gleich unverschlüsselt in APPD-Manier lauten können: »Ich fordere die totale Rückverdummung!«

»Wir dürfen es nicht so weit treiben, daß wir alles, was aus dem eigenen Land kommt, runterdrücken«, sagte Dieter Thomas Heck. »Es gibt einfach Menschen, die so etwas nicht fühlen, und denen mußt du es eben per Gesetz zeigen.« Was soll das heißen? Menschen, die die Schönheit der deutschen Sprache nicht fühlen, vor allem, wenn diese von »Hitparade«-kompatiblen, wertvollen Kulturgütern wie Wolfgang Petry und Jürgen Drews vorgetragen wird, sollen bitteschön per Gesetz endlich fühlen lernen, wie schön das doch ist? Das Radio als neuer Volksempfänger im wahrsten Sinne des Wortes.

Eine ähnliche Stoßrichtung findet sich bei Heinz Rudolf Kunze, wenn er beklagt, daß »seit dem zweiten Weltkrieg (...) die Flut an ausländischer Musik und eben auch ausländischem Schund« von den Deutschen widerstandslos geschluckt worden sei.

Natürlich gibt es amerikanischen Pop-Schund – dem aber den deutschen Schund entgegensetzen zu wollen, ist Nationalismus pur, weil es solchen dubiosen Quoten nicht wirklich um Qualität gehen kann – die würde ein ganz anderes Kultursystem bedingen –, sondern nur unterschiedslos um nationale Interessen, also um Selektion nach Herkunft und Sprache. Vorbei die Zeit, als Rock'n'Roll und Jazz, wie Klaus Theweleit über die Endsechziger geschrieben hatte, in Deutschland vor allem deshalb so befreiend wirkten, weil es sich um »*undeutsche* Sprachen« handelt.

Heinz Rudolf Kunze ist Sammler und Freund unabhängiger, nichtkommerzieller Musik; auf der »PopKomm« hat er sich Mitte der Neunziger angebiedert, Bands wie SEBADOH auf der Bühne anzusagen. Nun sind SEBADOH allerdings Amerikaner. Kunze

»Was ich an dieser Debatte wirklich interessant finde, ist, daß sich scheinbar alle darauf geeinigt haben, Sprache als eine Art idiomatische Substanz zu begreifen, die immer schon Ausdruck einer unwandelbaren, unauflöslichen Identität sei. (...) In diesem Sinne sind eben BLUMFELD-Texte keine ›deutschen‹ Texte, weil es da nicht um das Behaupten und Festschreiben der ›eigenen‹ Identität geht, sondern um deren Auflösung, um den Versuch, zu jemand anderem eine Beziehung aufzubauen, in der ein ›Du‹ möglich ist, außerhalb des Gewaltverhältnisses von Identitäten.«

Jochen Distelmeyer / BLUMFELD, in *Die Beute* 4/96

müßte also eigentlich wissen, daß »Schund« keine nationale Frage ist, schon gar keine Frage, die man sich in einer Zeit stellen sollte, in der gerade die BÖHSEN ONKELZ in die deutschen LP-Charts eingezogen waren. Es ist allemal infam, daß einigen Leuten damals, als Neonazis einen neuen Trend in Sachen Jugendkultur setzten, nichts weiter einfiel, als nach einer Neubewertung des Deutschen im Pop zu rufen, was bis zu Äußerungen wie der vom »Genozid an der deutschen Rockmusik« (Ole Seelenmeyer) führte.

In diesem angeschwollenen Fanfarenstoß äußerte sich Kunze noch vergleichsweise vorsichtig, wenn er seine Forderung dem *Spiegel* gegenüber etwas einschränkte: »Ich spreche ja nicht für die sogenannten Etablierten wie Grönemeyer, Maffay, Niedecken, Westernhagen oder auch Herrn Kunze – wir brauchen keine Quote. Mir geht es um Schrägdenker und den Nachwuchs wie DIE STERNE, MASTINO und BLUMFELD aus Hamburg oder Caspar Brötzmann und ELEMENT OF CRIME aus Berlin, die in den Medien nicht gehört werden.«

Was aber sollten »Schrägdenker« wie BLUMFELD oder DIE STERNE davon halten, plötzlich zugunsten einer Quote vereinnahmt zu werden, Bands also, die zwar in deutscher Sprache singen, deren Haltung jedoch ganz und gar undeutsch, also gegen jeglichen Aufbau von Identität gerichtet ist? Und was schließlich sucht Caspar Brötzmann in dieser Aufzählung, der sich zwar vom Paß her als Deutscher ausweisen kann, dessen Musik aber fast ausschließlich instrumental ist und zu alledem (die Radiosender dürften sich freuen) meist aus zehnminütigen Gitarren-Kakophonien besteht? Gerade indem Kunze also seine Quoten-Forderung dermaßen ausweitet, nimmt das vermeintlich Gutgemeinte groteske Formen an, die auf nichts anderes als eine deutsche Pop-Hegemonie zielen: Ginge es darum, im Radio eine andere, sozusagen sperrige Musik jenseits von Phil Collins und Joe Cocker durchzusetzen, wäre die Quote selbst ein Mörderstrick in Sachen musikalischer Vermittlung, da sich keine Musik aus einem bloß nationalen Kontext heraus erschließen läßt, also Caspar Brötzmann zum Beispiel gar nicht ohne Phänomene wie SONIC YOUTH, Derek Bailey, Sonny Sharrock und James Blood Ulmer

Voreilige Prognosen, 1984: »Ein wesentliches Verdienst der Neuen Deutschen Welle liegt also darin, daß sie die deutsche Rocksprache hitparadenfähig machte und damit langfristig ein natürliches Verhältnis zur Landessprache in der populären Musik hergestellt hat. Was früher verpönt und später verherrlicht wurde, scheint jetzt etabliert und in der Wirkung neutralisiert. Wer heute deutsch singt, stößt nicht mehr auf die obligatorische Ablehnung, aber auch nicht auf begeisterte Euphorie. Er provoziert damit auch nicht mehr, sondern er bedient sich ganz einfach einer von vielen Möglichkeiten, Texte zu artikulieren – und das ist gut so.«

Döpfner & Garms: *Neue deutsche Welle – Kunst oder Mode?*, 1984

»Wir spielen 40 Prozent deutsche Produktionen und haben so geholfen, deren Marktanteil deutlich anzuheben, also mehr Normalität zu schaffen. Unser Erfolg hat damit zu tun, daß erstmals nach dem Krieg junge Leute nicht mehr in den Schablonen gedacht haben – international ist toll, und deutsche Popmusik ist immer schlecht, nur weil sie aus Deutschland kommt.«

Dieter Gorny, im Gespräch mit Rainer Schmidt, *ZEITmagazin*, 1998

»Gorny zitiert ›da immer wieder meinen Lieblingstheoretiker Diedrich Diederichsen, der mal einen schönen Vortrag gehalten hat mit dem Titel *Über den Irrtum, Popmusik habe etwas mit Musik zu tun*. Auch Börse ist Pop. Deshalb war der Börsengang für Viva auch genau der richtige Schritt. (...) Jetzt gilt es, das Potential in seiner wirtschaftlichen und kreativen Kraft freizusetzen – da ist der Schritt auf den freien Markt nur konsequent. Da greift auch wieder der Popgedanke. Denn es ist wahnsinnig stimulierend, wenn ein junges Unternehmen wie *AOL* den alten Riesen *Time-Warner* an der Börse kauft und nicht umgekehrt – die New Economy kauft die alte Wirtschaft.‹ Aber warum ist denn das jetzt wieder Pop? (...) ›Pop hat nie etwas bedeutet. Genauso, wie es alles bedeuten kann ... Pop gefällt – oder nicht. So einfach ist das.‹«

konkret 10/2000

begreifbar ist. Weil hier also die Frage nach der Qualität ein stets bloß vorgeschobenes Argument dafür war, das Geld nur im eigenen Land zirkulieren zu lassen, kam die Debatte schließlich dort an, wo sie auch hingehört: »Englisches Gedudel stoppen!«, titelte die *Junge Freiheit* im August '96 und sprach sich begeistert darüber aus, daß der Musiksender *VIVA* ja längst »den Beweis für den Sinn der Quote« erbracht hätte.

Hier kommt ein dritter Name ins Spiel, einflußreicher als Kunze und Heck zusammen, Dieter Gorny, *VIVA*-Chef und die rechte Hand von Wolfgang Clement, die zu Pop gewordene Visage der SPD und damit Vorbote von Schröders Neuer Mitte. Ein Mann, der permanent den »Popstandort Deutschland« im Mund führt, damit natürlich den Wirtschaftsstandort meint, zugleich aber auch eine nationale Wertigkeit mitschwingen läßt. Während einer Diskussionsveranstaltung in Frankfurt, wo ihm von Klaus Walter, einem Radiomoderator des HR, vorgeworfen wurde, sein nationaler Popkurs haben den Trend zu Bands wie den BÖHSEN ONKELZ gefördert, flüchtete sich Gorny verbal immer wieder in die Walhalla der großen Künste. Anstatt auf Vorwürfe des Nationalen zu reagieren, kamen Antworten wie: »Der amerikanische Pop-Art-Künstler Jasper Johns erzielt auf Auktionen die Höchstpreise, die je für einen lebenden Künstler bezahlt wurden. Der zeigt, daß Pop große Kunst ist. Was wir mit *VIVA* machen, ist Kunst!«
Einem, der so argumentiert, nimmt man allerdings nicht das mit der Kunst ab, sondern nur die Sache mit den Höchstpreisen. Die Quote ist bei *VIVA*, einem vom nationalen Markt abhängigen Sender, vom Profit motiviert, und ist dabei so rührend pädagogisch, wie nur ein SPD-Sender es sein kann: Immer wieder führt Gorny den *VIVA*-Boykott der BÖHSEN ONKELZ als Argument dafür an, daß der Sender rechtem Gedankengut keinen Raum gäbe. De facto würden die ONKELZ jedoch innerhalb des *VIVA*-Programms kein bißchen als rechts oder rechter herausstechen, diesbezüglich nämlich hat Joachim Witt mit seinem »Die Flut«-Video alle Tabus gebrochen. Der Boykott ist nur ein nominelles Alibi, das die politischen Implikationen von Pop ignoriert, vor

allem dort, wo es um die Festigung von nationalem Selbstbewußtsein geht. Daß einige »die revolutionäre Spitze« noch immer als »Antrieb von Pop« sehen, sagte Gorny gegenüber der *ZEIT* – seine nach eigenen Vorstellungen unpolitische Haltung unterstreichend – »ist eine antiquierte '68er Ansicht«. Denn: »Heute ist das einfach eine Musikkultur, eine Gesellschaftskultur.«

Zum einen hat Gorny immer wieder betont, daß es sich bei Pop um eine Kunstform handele, ja sogar um den zentralen kulturellen Ausdruck unserer Zeit, zum anderen bagatellisierte er die politische Bedeutung von Pop darauf, »den Ist-Zustand der Gesellschaft« zu reflektieren. Was aber ist von einem zentralen kulturellen Beitrag zu halten, der sich auf bloße Widerspiegelung reduziert? Sind RAMMSTEIN nur Ausdruck einer gesellschaftlichen Neubewertung von Stärke und »Survival of the fittest« und als Widerspiegelung eines solchen Ausdrucks am Ende sogar dessen kritische Überspitzung?

Natürlich macht Gorny sich die Sache zu einfach, dies aber aus guten, taktischen Gründen. Mit Klassik- und Kunst-Vergleichen lanciert er, Pop in der Mitte der Gesellschaft ankommen zu lassen, was in Deutschland wiederum nur möglich ist, indem eine an sich angloamerikanische Kultur national umgebogen wird. Um nämlich in Deutschland eine breite Akzeptanz wie Mozart zu erhalten, muß Pop von allen fremdartigen Bildern gereinigt werden, muß von allem PUBLIC ENEMY-artigen gesäubert, also nationalisert werden, bis am Ende auch noch den Images der Schwarzen die imaginäre Seppelhose aufgeschrieben ist. Eine solche zwanghafte Re-Nationalisierung ist tendenziös, gerade dort, wo sie zur Zweckerfüllung Bands wie TOCOTRONIC und BLUMFELD vor den Karren spannt, also oppositionelle Stimmen im Zuge eines opportunen Feldzugs mißbraucht.

Sowohl Gorny wie auch Kunze haben sich über die Neubewertung der deutschen Popkultur mit Verweis auf den Zweiten Weltkrieg geäußert. Kunze hatte behauptet, die Deutschen hätten ausländischen Schund »seit dem zweiten Weltkrieg« widerstandslos geschluckt (er wollte wohl sagen: seit Ende des zweiten Weltkriegs; schön wäre gewesen, sie hätten ihn schon ab dessen Ausbruch geschluckt), Gorny unterstellte dasselbe, wenn er davon

»Ein weiterer engagierter Versuch, ›ein Zeichen gegen Rechtsextremismus zu setzen‹ – diesmal per Rock am Brandenburger Tor. Nach einer Idee von Marius Müller-Westernhagen sollte das Projekt ›Wir sind Deutschland‹ heißen, ›um in Deutschland und auch im Ausland klarzumachen, daß hier nicht wieder die braune Gewalt regiert‹. Wer aber sind wir? Westernhagens Manager erläuterten in der *SZ* vom 26. August: ›Wir hätten gerne Wolfgang Petry dabei gehabt, die Newcomer ECHT, BAP ... Wir wollten auch RAMMSTEIN haben. Ich persönlich hätte gerne auch Zlatko dabei gehabt und von mir aus auch die BÖHSEN ONKELZ, um genau diese Leute zu erreichen, die für rechte Parolen anfällig sind.‹ Das Konzept klingt überzeugend, allein: ›Dann wurde alles kompliziert und hat auch nicht geklappt.‹ Ach so. Vielleicht mal mit ›Rock gegen links‹ probieren.«

Marit Hoffmann, in *konkret* 10/2000

Fragen zu RAMMSTEIN? Herr Sybergerg, übernehmen Sie!
»Nach 1945 gab es diese zwei Kunsttabus. (...) Das eine war jenes Wort von der Ästhetisierung der Politik, die Hitler betrieben habe, quasi indem er die Massen selbst als Kunstwerk seiner Politik – am treffendsten letztlich durch die Verfilmung in den Filmen Leni Riefenstahls – zum Gegenstand seiner Kunst gemacht habe (...). Ästhetisch meinte hier schön und implizit magisch, im Sinne von Verzauberung, Mythos usw. Also verfiel die Schönheit dem Tabu, der Lüge, da Hitler nach allgemeinem Konsensus aller als das Böse schlechthin dieser Zeit steht. Das Schöne als Lüge des Bösen verfiel dem Schönheitsverbot schlechtin. Alles, was jahrhundertelang als Ziel und Ausdruck der Freiheit des Menschen im Wechsel seiner Ideale galt, mußte vermeiden werden, galt nun als verführerisch, erhielt einen Makel. Jede Gegenformel war erwünscht, von der einfachen Ironisierung des Helden bis zur Häßlichkeit in den Varianten der Armut des Geistes, ohne Ewigkeit der Seele. Den Gegenwelten des Schönen waren alle Tore geöffnet, grinsend und marktbeherrschend, frech.«

Hans Jürgen Syberberg: *Vom Unglück und Glück der Kunst in Deutschland nach dem letzten Kriege*, 1990

sprach, daß die jungen Leute inzwischen »erstmals nach dem Krieg« nicht mehr »in Schablonen denken«, also endlich nicht mehr nur gut finden, was aus England und den USA kommt.
Die Behauptung des »Erstmals« ist natürlich blödsinnig, denn inländischer Pop läuft nicht erst seit den Neunzigern gut, er boomte schon einmal zu Beginn der Achtziger im Zuge der Neuen Deutschen Welle (in der zum Teil ähnlich hochtrabend nationale Phrasen geschwungen wurden) und erlebte fortan ohne Unterbrechung finanzielle Höhenflüge, je tiefer die Qualität sich nur zu senken wußte, von Klaus Lage bis Herbert Grönemeyer, von Marius Müller-Westernhagen bis Udo Lindenberg.
Davon einmal ganz abgesehen, hat der direkte Rückbezug auf das Ende des Zweiten Weltkriegs und auf die Situation, in der sich Deutschland damals befand, nichts als Revisionismus im Sinn. Wer sich nämlich in den ersten beiden Jahrzehnten nach dem Krieg für Jazz und Rock'n'Roll entschied, also gegen den Muff deutscher Heimatfilm- und Schlagerkultur, vollzog eine bewußte, im damaligen Klima mit sehr viel Widerstand verbundene kulturelle Entnazifizierug, sagte entschieden Ja zur »Negerkultur« und Nein zur Kontinuität deutscher Verdrängung und Leugnung der Vergangenheit. Eine solche Entscheidung nun als »Schablone« im Denken zu bezeichnen, als Borniertheit sozusagen, hat Methode – sie unterstreicht, diese Vergangenheit doch endlich einmal zu den Akten zu legen, indem sie den antinationalen Gestus für überholt und also beschränkt erklärt. Die deutsche Jugend, um die jene Marktschreier des Pop werben, soll sich endlich frei von Schuldzuweisungen fühlen, also das Andenken an eine spezifisch deutsche Vergangenheit ebenso entsorgen wie die damit einhergehende Vorliebe für fremdländische Idole (eine Logik, um die sich Jugendliche allemal noch nie geschert haben) – auf daß sie das Deutsche am Pop desto besser genießen können, je mehr sie Göring für einen Ort in Brandenburg und Blitzkrieg für ein Computerspiel halten. Damit Pop als Leitkultur der Neuen Mitte Bestand hat, muß er vor allem von all jenen politischen Implikationen gereinigt werden, die einmal dafür sorgten, mit Hilfe von Popmusik sehnsuchtsvoll von Deutschland fort auf andere Länder zu sehen.

Es gilt, immer wieder äußerst sensibel aufzuhorchen, wenn von Denkverboten, Schablonen, Tabus und ähnlichem die Rede ist, was da angeblich nach dem Zweiten Weltkrieg gesetzt oder den Deutschen gar auferzwungen worden sei. Fast in jedem Fall macht sich solche Rede chauvinistischer Propaganda schuldig. Die Freunde und Verteidiger der scheinbar so unschuldigen Popkultur plazieren sich mit solchen Geschichtsrevisionen in einer Reihe mit Neurechten wie dem Popgegner und Kulturnazi Hans Jürgen Syberberg, der die Amerikaner und mit ihnen den Einfluß jüdischer Exilkultur dafür bezichtigt, in Deutschland nach dem »letzten Kriege« (wie er es nennt – Krieger seiner Couleur geifern nämlich bereits nach dem nächsten) für eine »gemeine« Kunst gesorgt zu haben, für »die Bevormundung (sic) des Kleinen, Niedrigen, der Verkrüppelung, des Kranken, des Schmutzes vor dem Glanz«.

Wer so spricht, denkt oder schreibt, verbirgt nur offenkundig großdeutsche Komplexe und will, so oder so, an den Holocaust nicht mehr erinnert werden; zum Übertönen der Schreie von damals sind dabei fast alle akustischen Mittel recht, sei es das blecherne Fanal zum Abspielen von Riefenstahl-Celluloid, sei es der Enzian-Rap beim kollektiven Tanz durch das Brandenburger Tor, sei es der rhetorische Schachzug, BLUMFELD ins neue deutsche Selbstbewußtsein einzugemeinden. Weil Pop eine Kunstform ist, die es in dieser Form unter den Nazis noch nicht gegeben hat (es sei denn – und auch dafür gibt es Gründe – man betrachtet Durchhalte- und Propaganda-Schlager wie »Davon geht die Welt nicht unter« als Prototypen von Pop), eignet er sich ausgezeichnet, heute als quasi unbelastetes Medium für ein neues Selbstbewußtsein deutscher Kultur eingesetzt zu werden. Um den Preis, versteht sich, daß diese einst schwarze Kultur von allem mitimportiert Fremden erst einmal so weiß gewaschen werden mußte wie die sprichwörtliche Weste, die dem neu-, jung- und großdeutschen Image da übergezogen werden soll.

Weder Dieter Gorny, Achim Reichel, Heinz Rudolf Kunze noch Herbert Grönemeyer – der die zur Legende gewordene Düsseldorfer Frühsiebziger-Elektro-Rock-Band NEU! auf seinem eigenen Plattenlabel mit den Worten neu auflegte, daß dieses

»(Anfang der Neunziger) schon gab es deutliche Verweise auf die Rufschädigung dessen, was man später als Standort lieben lernen sollte. Und spätestens nach Rostock-Lichtenhagen und Solingen dämmerte es selbst dem gerade für die nationale Radio-Sprachquote kämpfenden Rockvolk, daß ›das nationale‹ Irgendwas gefährdet sei, das Wort Nation selbst ist bis heute in diesen Kreisen nicht beliebt. Entsprechend postierte man sich auf der Bühne und machte einem Gefühl Luft: Wenn die (die expliziten Nazis) das (Attentate) weiter machen, dann müssen wir (deutsche Musiker und ihre deutschen Fans) uns im Ausland (im Urlaub) schlecht fühlen oder gar beschimpfen lassen. Insofern wurde erst einmal Lobbyarbeit für sich selbst betrieben.«

Jörg Sundermeier: »Rock gegen Rechts wird Rock für den Krieg«, in *testcard # 9: Pop und Krieg*, 2000

Distelmeyer: »*Viva* hat die Sendelizenz nur als nationale Alternative zu *MTV* erteilt bekommen. Sie sind angetreten, um sich vorrangig um in Deutschland produzierte bzw. deutschsprachige Produkte zu kümmern.«
Gaier: »Das hat aber letztendlich dazu geführt, daß mittlerweile bereits um die 40% deutsche Produktionen in den Charts sind. Das ist das Resultat unter anderem von *Viva*.«

Jochen Distelmeyer (BLUMFELD) und Ted Gaier (DIE GOLDENEN ZITRONEN), in *Die Beute* Nr. 12, 1996

Land »im Zuge der Wiedervereinigung« eine »eigene Identität besitzt« – sind Nazis, noch nicht einmal Rechte, weder im direkten noch übertragenen Sinne. Sie sind es höchstens im überdeckten, sich selbst nicht bewußten Sinne, indem sie zum Teil wortwörtlich die Begriffe und Argumente der Neuen Rechten verwenden und dabei zugleich der Illusion erliegen, für eine gute, am Ende gar linke Sache zu sprechen, etwa dort, wo Kunze Unkommerziellen ins Radio verhelfen möchte oder Gorny sich brüstet, er habe erst dafür gesorgt, daß Bands wie TOCOTRONIC im Fernsehen gespielt werden.

Die Neue Mitte, die da zementiert wird, ist in der Tat so wenig offenkundig rechts wie offenkundig links, denn an »die revolutionäre Spitze« im Pop zu glauben, hat Gorny ja als »antiquierte '68er Ansicht« zurechtgerückt, blieb aber die Antwort schuldig, welche '68er er denn meint, nachdem fast all deren Überlebende mit und neben ihm ganz unrevolutionär in den Medien oder aber im Parlament untergekommen sind. Der Prozeß, der Pop zu einer Art gefügiger, politisch opportuner Leitkultur eines neu erstarkten deutschen Selbstbewußtseins hat werden lassen, ging schleichend vonstatten und transportierte deshalb noch alte, vermeintlich linke Freiheitsmythen, als er längst schon Anwärter für die nationale Sache war. Insofern nimmt die Quoten-Debatte der Mittneunziger eine Schlüsselstellung ein, eine Art Wendepunkt, an dem erst einmal ausgelotet wurde, wie weit überhaupt gegangen werden kann, worauf schließlich Phänomene folgten, die ihren Erfolg erst aus einer solchen vorebnenden Debatte ziehen konnten.

Schröders Roadshow.
Wie der Rock im Reichstag ankam

Langsam wird es aber auch langweilig, mit ansehen zu müssen, wie von allen Seiten immer wieder mit dem Finger auf die offenen, verdeckten oder vermeintlich Rechten im Rockgeschäft gezeigt wird, auf daß vor allem jene, die da mit den Fingern zeigen, das Gefühl haben, frei von allem Verdacht zu sein. Immer wieder, wenn RAMMSTEIN eine neue Platte veröffentlichen, und immer wieder, wenn die BÖHSEN ONKELZ auf Platz 1 der deutschen LP-Charts klettern, hagelt es in den Feuilletons Debatten um den Rechtsruck der Gesellschaft im allgemeinen und um den von Jugend und Pop im speziellen. Man muß ja nicht gleich wie Heinz Rudolf Kunze (er schon wieder) in der *Frankfurter Rundschau* behaupten, daß sämtliche Nazi-Ästhetik bei RAMMSTEIN nur ein Problem »von nachdenklichen Journalisten« darstellt, während »Künstler nicht für ihre Kinder, also für ihre Stücke« haften – das nämlich tun sie sehr wohl.

Andererseits: Was sollten denn RAMMSTEIN auch anderes machen als ödipale Marschmusik aufzuspielen? Wer verlangt von den BÖHSEN ONKELZ ernsthaft etwas anderes als Durchhalteparolen für geschlagene Heimkinder? Wer dem Problem systematisch nachgehen will, warum Rockmusik so indiskutabel geworden ist, ideologisch wie ästhetisch verbraucht, gibt sich eher einem Ablenkungsmanöver hin, die Defizite bei Cartoon-Phänomenen wie RAMMSTEIN zu suchen. Hier zeigt nur der vermeintliche Rand, wo die Mitte selbst längst schon steht: Zusammen mit der rotgrünen Regierung ist eben nicht mehr volkstümliche Blasmusik, sondern die »ehrliche« und »erdige« Rockmusik in den Reichstag eingezogen.

Das Unheil begann, als Gerhard Schröder nach seiner Wahl zum Kanzler zusammen mit den SCORPIONS »Wind of Change« anstimmte, nahm seinen Lauf, als sich kurz darauf Wolfgang Niedecken für die Nato-Bombardierungen in Jugoslawien aussprach und fand seinen vorläufigen Höhepunkt darin, daß »Ich bin froh, daß ich kein Dicker bin«-Westernhagen das Bundesverdienstkreuz für besondere Verdienste in Sachen »Toleranz und Integration« verliehen bekam.

Die SPD- und Grünen-Kultur ist eine BAP- und TOTE HOSEN-Kultur, eine Grönemeyer- und Klaus-Lage-Kultur – und sie ist dies immer schon gewesen. Es ist eine Rockkultur fern von jeglichem musikalischen Einfühlungsvermögen, eine plumpe Gleichsetzung von Musik mit Gesinnung und Handwerk. Die Frage nach einer musikalischen Opposition zum gesellschaftlichen Mainstream ist also keine Frage zwischen RAMMSTEIN und

»Berlin ist eine einzige dynamische Baustelle. Und auch die Musikszene befindet sich im Aufbau. Heute existiert eine Vielzahl von Platten-Labels und Produktionsfirmen, die die Magnetwirkung der Stadt erkannt haben und mittlerweile mit der musikalischen Baustelle rund um den Alexanderplatz gut verdienen. Berlin hat momentan die besten Voraussetzungen, um zur Pop-Hauptstadt Nummer eins zu werden.«

Süddeutsche Zeitung, Mai 2001

»Nüchtern betrachtet sieht es doch so aus, als sei nach dem Niedergang des alten bösen *Heavy Metal* das dröhnende Pathos solcher Bands wie RAMMSTEIN die einzige große Alternative zu einem Mainstream der *political correctness*, zu einer Jugendkultur, die sich abends beim Down-Tempo-Techno von Kruder & Dorfmeister auf Lounge-Sofas die Beine verknotet und Nüsschen isst.«

Peter Richter: »Die einzige Alternative zum Nüsschen-Essen«, in *Süddeutsche Zeitung*, 21.5.01

Campino, zwischen ONKELZ oder KYUSS, sondern eine Entscheidung zwischen Rock und den immer marginaler werdenden musikalischen Fluchtbewegungen, die sich von Rock fortbewegen.

Über Jahrzehnte galt Rock als einzig legitime Form, gegen bestehende Verhältnisse zu opponieren. Rock reproduzierte sich dabei jedoch ständig – durchaus herrschenden Interessen gemäß – als dionysischer Akt männlicher Selbstbefreiung, der zugleich (um Härte und Macht zu bewahren) zwei musikalische Formen kategorisch ausschloß: einerseits jegliche avantgardistische, modernistische, atonale und spielerisch experimentelle Musik – denn die galt/gilt als intellektuell, verkopft und damit als »unecht«, unsexy und spießig. Obgleich zugleich all jene Zeitgenossen, die ohne schlechtes Gewissen als Spießer bezeichnet werden können, die Autowasch-Eigenheim-Familienoberhäupter, sich sehr wohl auf Rock von MOTÖRHEAD bis METALLICA einigen können, nicht aber auf Arnold Schönberg und Albert Ayler. Andererseits wurde jeglicher Pop, aller Soul und jeder Flow im Sinne von angepaßter, lebensfroher, ›weibischer‹ Kommerzmusik ausgeschlossen, zu dem sich mitsingen läßt, während frau die Wäsche bügelt.

Sowohl das Atonale im Sinne einer musikalischen Gebrochenheit wie auch der umarmende Pop im Sinne eines als ›weibisch‹ tabuisierten Harmonieversprechens sind einer Rockhaltung zuwider, die weder Zweifel noch Versöhnung sucht, sondern stets nur männliche Stereotypen des Rebellen hervorbringt. Es verwundert daher nicht, daß sich Pop (hier als Stil verstanden, nicht als Überbegriff) innerhalb der letzten Jahre gegenüber der herrschenden Rock-Ideologie immer mehr verfeinert hat und zugleich auch immer stärker die Verbindung mit den verschiedenen Traditionen experimenteller Musik suchte. Mit einer Mischung aus neuer Weichheit (*Quiet Is The New Loud* hieß programmatisch das Album der KINGS OF CONVENIENCE) und Hang zum Fließenden, improvisierten Driften entstanden in den letzten Jahren zahlreiche Formen eines neuen Wimp-Pop, einer musikalisch offen zur Schau getragenen Verletzlichkeit, die allerdings fast nie den Einzug in den Mainstream fand.

Galt noch in den 80er Jahren Rock als Stimme des Non-Establish-

Und so urteilen Vertreter der Neuen Musik:

»METZGER: In der Beat- und Popmusik hat man immer den mechanischen Schlagrhythmus ... Es ist wie eine Maschine. Es ist wahrhaft Maschinenmusik.
BROWN: Aber die Jugend hat sich das selbst gewünscht und gewählt.
FELDMAN: Es ist mehr als das, Earle, ich finde, daß es bei den Rolling Stones beispielsweise ein faschistisches Element gibt.
METZGER: Ja, durchaus.
BROWN: Ein aggressives Element.
METZGER: Historisch gesehen aggressiv und regressiv. Es ist ein Rückschritt zu einem Primitivstadium der Musik, das es tatsächlich niemals gegeben hat.«

Morton Feldman, Earle Brown und Heinz-Klaus Metzger im Gespräch, 1972, in *Musik-Konzepte* 48/49, *Morton Feldman*, 1986

ments, mit all seinen Ausprägungen von *SST Records* (BLACK FLAG, HÜSKER DÜ u.a.) über die Washingtoner Hardcore-Schule um Bands wie FUGAZI bis zum Grindcore, ist nun Pop an die Peripherie getreten.

Daß das Gegenteil einer auf Härte getrimmten neoliberalen Rock-Mitte nicht automatisch weich im Sinne lebensbejahender »Let's dance«-Attitüde sein muß, zeigt jene Entwicklung, die sich momentan aus einer Vielzahl von härte-, rock-, gesinnungs- und bekenntnisfreien, kurz: »außerparlamentarischen« Musiktraditionen neu zusammensetzt. Wimp-Pop, Glam, Soul, Countryfolk, *clicks + cuts*-Elektronik, Artrock (im Sinne einer neuen, durchaus reflektierten *decadence*) und sämtliche Restformen von Improvisation und Neuer Musik rücken als plötzlich eigenartig verbundene, erstmals dermaßen übergreifend liierte Familie zusammen. Nachzuhören auf den Alben von Bands wie SIGUR RÓS, LABRADFORD, CLOUDDEAD, LAMBCHOP und SAVOY GRAND, um hier nur ein paar zu nennen. Das erfolgreichste Beispiel haben diesbezüglich RADIOHEAD mit ihrem 2000 erschienenen Album *Kid A* geliefert: einer Platte, die sich aus Drum'n'Bass, Ambient-Soundscapes, SUN RA-Abfahrten, TALK TALK-Androgynitäts-Pop, PREFAB SPROUT-Dandytum, Folk-Melancholie und versponnener Früh-Psychedelic zusammensetzte. Und die damit ein ganzes Bündel von Traditionen zusammenführte, die auf ihre Weise alles, was mit Rock im eigentlichen Sinne zu tun hat, immer schon zu vermeiden wußten. Als habe es gegolten, mit einem solchen Mix manifesthaft die Grenze zu markieren: *Cocks – stay out of here.*

Wer den Wandel von Popkultur hin zur Teilhabe an der gesellschaftlichen Mitte nachvollziehen will, kann sich nicht darauf beschränken, nach offenkundig Rechtem Ausschau zu halten; die Ideologie spielt sich vielmehr im vermeintlich Unpolitischen ab, in zahlreichen immer noch gerne als nebensächlich betrachteten Äußerungen und Gesten, zum Beispiel in der erfolgreichen Etablierung alter, lange Zeit überholt geglaubter Männerbilder und einer in beinahe allen Szenen zurückeroberten Bedeutung von charismatischer Bühnenpräsenz sowie einem neuen Hang zu Athletik und ›gesunden‹ Körpern.

»Die Welt der Mode war schon immer faschistoid, und sie wird immer faschistoider, wenn sie dieses perfekte, glatte Bild entwirft. Im Faschismus hat man immer versucht, den Leuten ein Idealbild zu oktroyieren. Ob wir über Mode oder über Politik reden: Das alles ist den gnadenlosen Maßstäben des Marketings unterworfen.«

Wolfgang Joop, in *Frankfurter Rundschau*, 21.7.01

Rock-Konditionierung auf Härte hat im Laufe der Jahrzehnte immer offener gezeigt, daß das Image des Rebellen mit dem Wunsch nach Teilhabe an der Macht zusammenfällt. Mimetisches Rebellentum trainiert vor allem eines: Durchsetzungsvermögen. Bands wie die BÖHSEN ONKELZ sind dabei lediglich die Vereindeutigung einer Haltung, die Selbstmitleid mit Selbstzweifel und Haß mit Kritik verwechselt. Ein im Jahr 2000 entstandenes Bild des Düsseldorfer Photographen Andreas Gursky zeigt Fans bei einem Konzert der TOTEN HOSEN. Tausende sind dort mit gestrecktem rechten Arm zu sehen, festgehalten im scheinbar unpolitischen Moment triumphierender Gemeinschaft. Man sollte nur noch Musik trauen, die zu solchen Gesten erst gar keinen Anlaß gibt.

Oi! Warning

Ein nackter, kahlgeschorener, junger Mann im Wald, der seine Muskeln spielen läßt. Sein Körper glänzt wie eingeölt. Neben ihm steht eine blonde Frau, die den Männerkörper voller Bewunderung mustert. Mehr Riefenstahl-Aura hätte Leni selbst nicht in diese Schwarzweißbilder legen können. Doch der Schock folgt auf den Fuß: Während Frauchen sich ergeben an den Hünen schmiegt, zieht der mit seinen Zähnen den Stift aus einer Handgranate – Flash und Schnitt.

So beginnt *Oi! Warning*, der bereits im Vorfeld viel diskutierte Film der Brüder Dominik und Benjamin Reding. Die Szene im Wald ist nur eine Traumsequenz gewesen, einer von vielen homoerotischen Tagträumen, die den Protagonisten Janosch während seiner kurzen Freundschaft mit dem Skinhead Koma heimsuchen. Und bereits diese Eingangsszene spielt mit dem durchgängigen Motiv einer Angst oder sogar eines Ekels gegenüber den Gefühlen der Frau – Ekel gegenüber dem, im Theweleitschen Sinne, weiblichen Prinzip schlechthin. Der Skinhead, wie die Reding-Brüder ihn angenehmerweise ohne jeglichen Hang zur Verallgemeinerung darstellen, kann nur auf die Bewunderung, nicht auf die Zärtlichkeit der Frau reagieren, braucht deren Unterwerfung, nicht Austausch.

Bereits die Namen der beiden Protagonisten sind Programm: Janosch, das klingt soft, ganz so, wie Alt-68er ihre Kinder genannt haben, so wuschelig wie die Figuren auf den Bildern des gleichnamigen Zeichners; Koma dagegen knallhart, nach Komasaufen, was die Skins im Film oft und gerne betreiben, aber auch nach dem Koma im Kopf, dem Fehlen jeglicher Reflexionsebene. Und tatsächlich kommt Janosch aus einem behüteten, zu allem Übel schwäbischen Elternhaus, aus dem er flieht, um der allzu erdrückenden Mutterliebe zu entkommen.

»Wer eigentlich auf die Idee kam, ist nicht überliefert, jedenfalls begannen die COCKNEY REJECTS irgendwann damit, ihre Songs nicht mehr mit dem üblichen ›One, two, three, four‹ anzustimmen, sondern grunzten stattdessen ein ›Oi!Oi!Oi!Oi!‹ ins Mikro. Das Publikum warf den Ruf aus tausend heiseren Kehlen begeistert zurück, und so entstand einer der schönsten Mitgröhlsongs der Skingeschichte.«

Klaus Farin und Eberhard Seidel-Pielen, in *Skinheads*, 1993

Beim Skin-Pärchen Sandra und Koma findet Janosch vorläufig Unterkunft – und zwar im perfekt eingerichteten Kinderzimmer für den bereits erwarteten Nachwuchs. Auch hier: Eltern, die es in Sachen Behütung sehr genau nehmen und sich ganz in der Familie als beschützenswerter Keimzelle des Staates eingenistet haben. Schritt für Schritt wächst der schüchterne, bei Unsicherheit immer wieder in den schwäbischen Dialekt zurückfallende Janosch ins Skin-Milieu hinein, bekommt als Vertrauensbeweis Komas heimliches Waffendepot gezeigt, läßt schließlich selber alle Haare und sich kurz darauf den eigens gezeichneten Skin am Kreuz (das Märtyrer-Symbol der Bewegung) auf die Brust tätowieren.

Parallel zu diesem Prozeß wird auch Janoschs Homosexualität schrittweise, wenn auch dezenter, offengelegt. Mit der Pseudofreundin Bianca klappt es nicht wirklich, lieber schwärmt er ihr vor, was für ein toller Kerl der starke Koma ist, der derweil seine ganze Freizeit damit verbringt, schnaubend auf einen Sandsack einzuhauen. Daß Koma solche Gefühle nicht erwidert, versteht sich von selbst. Doch auch dessen Versteifung auf Familie und Arterhalt beginnt zu wanken, als Sandras erwartete Zwillinge statt der erhofften Jungs nur Mädchen geworden sind. Während Koma sich auf eine Karriere als Boxer vorbereitet und sich mit plötzlich unliebsam gewordenen Kindern und einer überflüssig gewordenen Frau, die als ›Reproduktionsmaschine‹ versagt hat, herumschlagen muß, lernt Janosch Zottel kennen, einen Punk, der im Bauwagen lebt. Zwischen beiden kommt es schließlich zu ersten sexuellen Kontakten. Daß Koma die beiden beim Küssen beobachtet und dabei plötzlich selbst so etwas wie uneingestandene Eifersucht verspürt, wird am Ende für alle Beteiligten zum Verhängnis: Haß, einhergehend mit der Unfähigkeit zu jeglicher Kommunikation, sorgten für ein drastisches, blutiges Ende, in dem erst Koma Zottel tötet und schließlich von Janosch mit einem Stein ganz alttestamentarisch erschlagen wird.

»Zur Zeit wird ja auch in der deutschen Öffentlichkeit versucht, den subkulturellen oder gegenkulturellen, ja arbeiterkulturellen Anteil an der Skin-Geschichte zu klären und von dem Rechtsradikalismus zu trennen, für den Skins bekannt sind. Dies geschieht zum denkbar falschesten Zeitpunkt. Nicht nur, daß sich der Versuch, Arbeiterjugendkultur über Skins zu rekonstruieren, heute von alleine disqualifiziert, anders als circa '79 und dann wieder sichtbar '84, als auch linke und apolitische Skins gegen die kleinbürgerliche Hegemonie in der Jugendkultur antraten: Es ist auch nicht viel davon übrig, und die immer schon vereinfachende Gleichung Skins = Nazis, die noch nie gestimmt hat, trifft heute ja fast zu.«

Diedrich Diederichsen: »The kids are not alright, Vol. IV«, in *Freiheit macht arm*, 1993

Dominik und Ben Reding wollten mit *Oi! Warning*, der mit einem vergleichsweise geringen Budget von 856.000 DM gedreht wurde, keinen eindeutig pädagogischen, moralisierenden Film drehen, schon gar keinen über die immer schon mit Naziideologie in eins gesetzte Skinhead-Bewegung. Aus diesem Grund spielt der Film in der sogenannten unpolitischen Skin-Szene, die sich weder den Nazis noch den Redskins zuordnen läßt. Die ›Unpolitischen‹ hören Bands wie SMEGMA, SPRINGTOIFEL, OIMELZ und LOIKAEMIE, allesamt Gruppen, die vom Saufen singen, daß die Wände wackeln, und die zugleich nach außen hin keinerlei politische Weltanschauung erkennen lassen, dies auch gar nicht wollen. Keine Subkultur war je so panisch um Politikferne bemüht wie die ›unpolitischen‹ Skins. In *Oi! Warning* geht es daher an keiner Stelle um Rassismus und Affinität zur rechten Szene, der Soundtrack verwendet bewußt auch schwarze Musik aus der Ska- und Reggae-Szene, etwa Desmond Dekker, um zu signalisieren, welchen Ursprung die Szene einmal hatte, bevor »White Power« sie durchdrang. Der Skinhead-Kult wird in *Oi! Warning* über seine bloße Ästhetik als brutal, spießig, frauenfeindlich, homophob und zugleich verdrängend homophil bloßgestellt, ohne daß hierzu Politik ins Spiel gebracht werden mußte. In einigen ostdeutschen Kinos mußte der Film schließlich vom Spielplan genommen werden, weil es Drohungen gab, die Kinos zu stürmen: Daß ein Skin im Film einen anderen Mann küßt, ist in der Szene als größerer Skandal und größere Imageschädigung empfunden worden, als wenn *Oi! Warning* – was den Medien-Stereotypen ohnehin entsprochen hätte – rechte Ideologie und Gewalt abgebildet hätte.

Psychologisch ist *Oi! Warning* gerade dort besonders stark, wo er das stets vorhandene homoerotische Knistern ins Bild setzt und zugleich zeigt, wie darauf nur mit Gewalt reagiert werden kann, weil keiner der Beteiligten innerhalb einer Szene, die ganz auf Härte aufbaut, als ›Schwuchtel‹ gelten will. *Oi! Warning* zeigt die ›unpolitische‹ Szene als einen Männerbund, in dem Frauen auf ihr Geschlecht und auf Fortpflanzung reduziert sind, während alles, was im Leben wirklich zählt (Kameradschaft, Spaß, Zusammenhalt) doch nur von Männern geteilt wird. Komas Masochismus besteht im Grunde darin, die Frau lieben zu müssen, weil er sich Männerliebe nicht eingestehen darf, was letztlich dazu führt, Frauen und Männer gleichermaßen und am Ende vor allem sich selbst zu hassen. Deshalb kann man, wie Georg Seeßlen schrieb,

»Die allgemeine mediale Identifizierung der Skinheads ist längst so einfach wie abgeschlossen; einige wenige Modelle scheinen uns zu genügen: das Sozialarbeiter-Modell vom allein gelassenen und verführten Jugendlichen, das Alien-Modell von der Unbewohnbarkeit der Städte, das Gröl- und Saufmodell und das der NPD-Aufmärsche mit ihren Trommeln. (...) Was freilich aus diesen Bildern ausgeschlossen ist, das ist die Geschichte, die Geschichte der ›Bewegung‹ und die des Individuums. So ist das Skinhead-Bild des medialen Mainstreams auch insofern propagandistisch, als es vor allem ein Bild der Angst ist, die es erzeugt.«

Georg Seeßlen: »Der Zauberwald ist abgebrannt«, in *konkret* 11/00

»Markus: Welche Rolle spielen die Skin-Frauen in den Skin-Gruppen? Haben die auch was zu sagen?

Alexandra: Ich kenne einige, die was zu sagen haben.

Gerd: Die müssen sich aber durch besondere Brutalität auszeichnen. (...) Im übrigen ist es ein patriarchalisches System, von wenigen Ausnahmen abgesehen, es gibt eben Rädelsführer oder wie man das nennen will. Die M. hat sich Roger gegenüber total unterordnen müssen, nicht nur in der Beziehung, sondern auch innerhalb der größeren Gruppe, anderen Mädels geht es genauso. (...)

Markus: Die Frauen und Mädchen versuchen nach männlichen Prinzipien sich eben durchzusetzen. Aber einen eigenen Bereich innerhalb der Gruppe haben die nicht, für den sie verantwortlich stehen und der sie besonders auszeichnet?

Gerd: Nein. Sie funktionieren so, daß sie besonders brutal sind, andere knechten, durchaus in der 1. Reihe stehen, wenn es mal, meinetwegen gegen die Punks geht, hier in Hannover sind das höchstens 2, 3 von den Mädchen, die dann besonders die Ketten schwingen. Aber es ist nicht die Regel, es ist eher die Ausnahme.«

Gespräch, in Markus B. Eberwein und Josef Drexler: *Skinheads in Deutschland*, 1995

Oi! Warning »vielleicht auch als Tragödie (oder Groteske) des Männerkörpers in unserer Zeit ansehen«, die Repräsentation eines Körperbildes, das weit über die Skinhead-Szene hinausreicht, eine Repräsentation, die sich bei RAMMSTEIN ebenso wiederfindet wie im Actionfilm und der Modephotographie, das Bild eines in seinem Körper und den Körper-Images wie in einem Käfig eingesperrten Mannes.

Janosch findet die Zärtlichkeit schließlich erst bei Zottel, dem Punk, der offen genug ist zu leben, was er will, ohne lange zu fragen, ob das auch anderen gefällt. Was Koma da sehen muß, als er die beiden beobachtet, ist für ihn nicht deshalb so hart und für den weiteren Verlauf von tödlicher Konsequenz, weil sich da zwei Männer küssen, sondern weil hier eine Zuneigung im Spiel ist, die der Zwangsheterosexuelle weder gegenüber Männern noch gegenüber seiner Freundin je hat ausleben können.

Nun kann *Oi! Warning* allerdings durchaus dafür kritisiert werden, keine der beiden Szenen, weder Punks noch Skins, in irgendeiner Form realistisch darzustellen – dies aber hatten sich die Regisseure gar nicht zur Aufgabe gemacht. Der Film vermeidet jeglichen Charakter der Dokumentation, will Kunstfilm sein, der menschliche Typen, wenn nicht sogar Archetypen (also keine Stereotypen) aufeinanderprallen läßt. Spätestens die Rolle von Zottel, dem Bauwagen-Punk, ist derart überzeichnet, daß es für sie keine Entsprechung mehr in der Realität gibt. Zottel wird als geschminkter, feuerspuckender Gaukler eingeführt, der sich sein Geld als Attraktion auf Parties von Reichen verdient. Er ist dreckig, stinkt, wälzt sich im Schlamm und spricht während des Films durchgehend in Allegorien und Reimen, erinnert nicht nur vom Typ her an die Narren aus Shakespeares Komödien, sondern scheint auch dessen Zeit entsprungen – ein offenkundiger Anachronismus einerseits, andererseits ein in die Zukunft weisender Typ, zu dem aufzubrechen die Menschen am Beginn des 21. Jahrhunderts noch nicht bereit sind. Zottel nämlich ist die einzige Figur in *Oi! Warning*, die noch so etwas wie ein politisches Profil besitzt, eine Vision.

Vom Prinzip her wird mit *Oi! Warning* keine Spannung zwischen Punks und Skins aufgebaut, sondern der Konflikt zwischen zwei Gesellschaftsformen geschildert, zum einen einer nichtentfremdeten Naturverbundenheit, zum anderen der Zwangsgemeinschaft als Vorstufe zum Faschismus. An diesem Punkt funktioniert *Oi! Warning* nach den Mustern einer alten Zivilisationskritik Freudscher Prägung: Der Zwang zur ritualisierten Gemeinschaft funktioniert innerhalb der hier gezeigten Skin-Szene wie der Mikrokosmos eines autoritären Staates, nicht jedoch durch offenkundige gegenseitige Unterdrückung, sondern durch tief verinnerlichte Verhaltensmuster. Der Skinhead wäre damit nicht der dunkle Rand der Gesellschaft, nicht deren verdrängte irrationale Kehrseite, sondern im Gegenteil ein Ausdruck der Mitte, ein Produkt zivilisatorischer Anpassung und Triebunterdrückung. Mit diesem Befund liegen die Redings wahrscheinlich gar nicht so falsch. Ob er verstanden wird, ist dagegen eine ganz andere Frage. In Schulen als pädagogisch wertvoller Film eingesetzt, was *Oi! Warning* durchaus blühen dürfte, bleibt es fraglich, ob Vierzehnjährige sich mit Zottel gegen die Verhärtung der Prä-Naziskins werden identifizieren können. So traurig das klingt: Eine auf Coolness und Kontrolle abgerichtete Generation wird an diesem Film auch nur jene Bilder von Coolness und Kontrolliertheit bewundern, die sich alleine unter den Skins abspielen. Auch wenn der Film etwas anderes will, könnte er im falschen Land zur falschen Zeit für die falsche Sache mißbraucht werden. Und wir befinden uns momentan im falschen Land zur falschen Zeit.

Der »unpolitische« Skin

Worüber definiert sich ein »unpolitischer« Skinhead? Vor allem über »Randale, Pogo, Alkohol« (BIERPATRIOTEN), also nicht gerade sehr viel. Der »unpolitische« Skin ist arm dran, denn sein »Spirit of '69« ist lange her und bereits von mehr als nur einer Generation beschmutzt worden. Während der Naziskin zumindest noch seine Ideologie hat, an die er sich unterwürfig klammern kann, verrennen sich die Bekenntnisse der »Unpolitischen« in eine haarsträubende Tautologie: Skin-Sein definiert und legitimiert sich über Skin-Sein. »Manchmal fragen mich die Leute,

»Wenn des nachts der Pöbel gröhlt, drohend dumpf und monoton
Stiefel durch die Straßen poltern, Flaschen klirren auf Beton
Siehst du im Dunkeln die Hippies ... die wir ... durch die Nacht,
wir prollen durch bis in den Morgen, bis der noie Tag erwacht.

Skinhead, Skinhead,
geh voran,
Kämpfe für das größte Glück,
Skinhead, Skinhead,
sieh dich an,
und bring dem Oi!
den Kult zurück!
Oi! Oi! Oi!«

BIERPATRIOTEN: »Skinhead«, auf *Randale, Pogo, Alkohol*, 1994

warum ich so bin / Na ja, was soll ich sagen, ich bin nunmal ein Skin«, singen SMEGMA in bestechender Logik und wiederholen im Refrain: »Ja, ich bin ein Skin / das ist, was ich bin / Ja ich bin ein Skin / Und das ist, was ich bin«.

Das Problem der »Unpolitischen« besteht also darin, daß sie im Grunde nicht sehr viel vorweisen können, was sie und ihre Szene überhaupt kennzeichnet. Als selbsternannte »Unpolitische« müssen sie sich ja geradezu gegen alles abgrenzen, was in irgendeiner Form Position bezieht, also gegen die Rechten in den eigenen Reihen ebenso wie gegen die Linken, zugleich aber auch gegen die bürgerliche Mitte – eine Situation am Rande der Selbstzerfleischung, die alle Beteiligten wie selbstverständlich dem Suff in die Arme treibt. Wenn nämlich das »Unpolitische« zum einzigen Erkennungsmerkmal geworden ist, bleibt so gut wie gar nichts, worüber sich ein »unpolitischer« Skin überhaupt noch äußern kann. Darum besteht die Nummer »P.C.« (als Abkürzung für politisch korrekt) von MAUL HALTEN aus nichts anderem als Negativ-Definitionen: »Nazis, die Ausländer jagen / Linke, die tausend Fragen fragen / Zecken, die gegen Skinheads singen / Idioten, die uns auseinanderbringen / politisch Korrekte, die den Oi! schlecht machen / Hippies, die über Skinheads lachen / Spießer, die auf den Boden seh'n / wenn Skinheads durch die Straßen ziehn« (oh je, am Ende hat es mit dem Reimen nicht mehr geklappt) – gegen all das stehen sie, aber wofür?

Der »Unpolitische« befindet sich in der panischen Situation, gegen alles sein zu müssen, was eine Haltung einnimmt; und um nicht »tausend Fragen fragen« zu müssen, wie es die verhaßten Linken tun, beläßt er es beim »ich bin ein Skin, das ist, was ich bin«, eine Aussage, deren Hohlheit spätestens beim achten Bier nicht mehr so ganz auffällt. Ein Rätsel bleibt allerdings, warum jemand, der sich so ganz übers »Unpolitisch«-Sein definiert, überhaupt ein Lied gegen »politisch Korrekte« schreiben muß und damit am Ende doch politisch wird.

Die Themen auf Platten von »Unpolitischen« sind voraussehbar, denn auch »unpolitische« Skins lieben Rituale mehr als Überraschungen. Neben den üblichen Selbstbekundungen, wie »Ich bin ein Skin« (SMEGMA), »Wir sind die Skins« (LOIKAEMIE) oder kurz, lyrisch und knapp »Skinhead« (BIERPATRIOTEN), gibt es pro Platte mindestens eine Bier-Hymne, oft und gerne lokalpatriotisch der ortsansässigen Brauerei gewidmet. Wein, dieses »intellektuelle« Gesöff, wird freilich nie besungen, selten auch andere Drogen, denn diesbezüglich folgen die »Unpolitischen« ganz den Ansichten des Normalbürgers, daß alleine Bier und Schnaps davon ausgenommen werden müssen, als Drogen zu gelten, der Rest dagegen mörderisches und kriminelles Teufelszeug ist, von Türken und Negern ins Land geschmuggelt. Insofern muß es schon als eine kleine, szeneinterne Revolution angesehen werden, wenn SMEGMA in »Die Jungs von Nebenan« singen: »Wir sitzen in der Kneipe hier / Rauchen Dope und trinken Bier«, denn damit bekennen sie sich zu einer Droge, die auch in »unpolitischen« Skin-Kreisen (anders als bei Redskins, die sich auf jamaikanische Ursprünge berufen) zumindest nach außen hin tabu ist. Man will schließlich nicht als »Hippie« gelten, die zu ›klatschen‹ (also notfalls totzutreten) von den BIERPATRIOTEN im »Skinhead«-Song mit uneindeutig-eindeutig zensiertem »Piiiep« empfohlen wird.

Natürlich hat die Ablehnung von Dope auch noch andere Gründe. Eine Droge, die nicht grundlos den Ruf hat, ›weich‹ zu machen, dabei existentielle Fragen aufzuwerfen, vor allem unkontrollierbare Assoziationen aufkommen zu lassen, paßt so gar nicht in die ganz auf Kontrolle und Disziplin aufgebaute Skin-Welt. Unter Bier dagegen die Kontrolle zu verlieren, senkt nur jene Hemmschwelle, die nicht das »Wir« in Frage stellt, sondern dies im Gegenteil von Flasche zu Flasche stärker gegen alles andere und Fremde verteidigt.

»Ich bin auf alles stolz, was ich bisher machte, also auch auf meinen Beruf. Ich sorge für mich alleine und weiß, was es heißt, zu schuften. Außerdem besitze ich eine Apathie (sic) gegen Leute, die von Beruf Tochter oder Sohn sind.«

Steffen, Skinhead, in Klaus Farin (Hg.): *Skinheads – A Way Of Life*, 1999

Was ebenfalls auf fast keiner »unpolitischen« Skin-Platte fehlen darf, ist ein derber, in Sachen Eindeutigkeit keine Wünsche offenlassender Song über Sex und das in der Szene so wichtige, beinahe vergötterte »Skinhead Girl«. Häufig handelt es sich um ›witzige‹ Verarbeitungen, die so etwas wie bierselige Selbstironie vorgeben, aber im Grunde nur offenbaren, daß es allen Anwesenden unmöglich ist, Gefühle auszudrücken, die über die bloße Geilheit und den Akt selbst hinausgehen. Refrains wie »Scheidenkrampf beim Koitus / Scheidenkrampf beim Koitus / Es bleibt dir einfach

»Josef: Was bedeutet dür dich ›Skinhead‹? Was heißt für dich Skin-Sein?

Michelin X: Das ist eine sehr schwierige Frage, weil du einen Deutschen fragst. Für mich bedeutet das eine Art Romantik, auch ein gewisses sentimentales Gefühl, weil ›Skinhead‹ für mich etwas ist, was es in Deutschland leider Gottes nie gegeben hat, was es eben nur in England gab: eine klassenbewußte Jugend-Subkultur, die sich nicht dadurch auszeichnete, gegen die Erwachsenen schlechthin zu rebellieren.«

Gespräch, in Markus B. Eberwein und Josef Drexler: *Skinheads in Deutschland*, 1995

nichts erspart / ist die Möse erstmal hart« (SMEGMA) dienen vor allem dazu, auszusprechen, daß man ›die Sache‹ tut, daß Sex mit dem anderen Geschlecht in der Szene also wie beiläufig dazugehört. Solche Songs, die sich in ihrer psychologischen Funktion von »Kommt ein Mann zum Arzt …«-Herrenwitzen nicht unterscheiden, erfüllen in der Szene gleich eine ganze Palette an Verdrängungen. Die Offensichtlichste besteht wohl darin, daß eine auf Männerritualen und Verkultung des Männlichen, auf Freundschaft und Treue unter Männern aufgebaute Szene der ständigen Thematisierung, ›es‹ mit Frauen zu haben, panisch bedarf, um jeglichen schwulen Verdacht abzuwenden. Es gibt allerdings noch einen anderen Aspekt von Verdrängung, der in solchen ›witzigen‹ Songs verarbeitet wird: Liebe, Zuneigung und Emotion gelten als unmännlich (die Angst vorm Schwulen hemmt da selbst noch, das Heterosexuelle auch nur annähernd ›weich‹ zu thematisieren), weshalb in solchen Songs immer nur der Schwanz und die Lust nach dem ›Abspritzen‹ thematisiert werden, nie irgendeine Beziehung zur jeweiligen Person – es sei denn in den sentimental verklärten Hymnen an das »Skinhead Girl«, die es wiederum völlig vermeiden, Sex zu thematisieren.

Der »unpolitische« Skin, der sich immer wieder als »Arbeiter«, als Teil der »Working class« definiert, kehrt in solchen abgeschmackten Songs seine totale Entfremdung nach außen, ohne sich darüber bewußt zu sein, daß er genau das Opfer jener Entfremdung geworden ist, die bereits von Karl Marx und Herbert Marcuse (den verhaßten Helden der »Zecken«) beschrieben wurde. Über die Lohnarbeit seiner Grundbedürfnisse beraubt, beschränkt sich seine Freizeit nur noch darauf, ebenso entfremdet Bedürfnisse befriedigen zu müssen: Suff und Sex folgen einer bloß noch motorischen Befriedigung und Betäubung, fragen nicht mehr nach Erfüllung, fragen nach gar nichts mehr (»Linke, die tausend Fragen fragen« sind schließlich verhaßt), sondern sind bloß noch entfremdeter Zusatz zur ebenso entfremdeten Arbeit. Ein Oi! Song, der auch nur in einer einzigen Zeile Sex als etwas darstellen würde, das über den bloßen Akt, das selbstermächtigte Privileg – sozusagen der dem arbeitenden Mann zustehende Lohn – hinausgeht, ist daher aus dem Selbstverständnis der Szene heraus undenkbar. Derjenige, der zwar die Arbeit mitsamt ihrer Entfremdung haßt (»mußt jeden Tag zur Arbeit gehn, du weißt nicht was es soll«, BIERPATRIOTEN), sich zugleich aber mit all seinen Werten nur über sie definiert (»die ganze Woche Arbeit und am Wochenende Spaß / Ich höre gerne Oi!-Musik, gehör' zur Working Class«), kann tiefergehende Emotion nicht zulassen – gerade sie nämlich könnte die eigene entfremdete Position und mit ihr die ganzen selbstgeschaffenen Werte in Frage stellen. Im ritualisierten Weltbild des Oi!-Skin wird alles zum Gefängnis – Arbeit ist da ohne Freizeit und Freizeit ohne Arbeit nicht denkbar, beides jedoch bleibt ohne Subjekt, ist eine Aneinanderreihung von zwanghaft vollzogenen Bewegungsabläufen.

Welche Blüten die Texte der »Unpolitischen« treiben, wenn sie sich gegenüber dem Naziskin-Stereotyp vom »deutschen Mädel« abgrenzen wollen, zeigt ein Text von MAUL HALTEN aus Ostberlin: »Deutsches Mädchen, wie wunderbar / mit deinem arschlangen, schwarzen Haar / deine Augen sind schwarz wie Kohlen / wahrscheinlich bist du doch aus Polen / doch da mach ich mir garnix draus / ich nehm dich trotzdem mit zu mir nach Haus / ref.: Wir sind Maul halten aus Ostberlin / ihr kleinen Mädchen könnt uns nicht entflieh'n / wir kennen keine Altersgrenze / wir denken nur an uns're Schwänze.« Getreu der ostdeutschen Kunst, alles von »Rosi's Backstube« bis zu »Herbert's Imbiss« so übertrieben zu apostrophieren, als gelte es, jegliche Kenntnis der englischen Sprache in Übertreibung dieser Eigenart zu erschöpfen, erdreisten sich MAUL HALTEN nicht, ihre Reime auch noch im Beiheft wie oben wiedergegeben abzudrucken. Statt sich in political correctness zu üben, steht die Band offen dazu, seit der Wende nichts anderes als aus dem Niederländischen übersetzte Pornohefte gelesen zu haben: »Ja, da freut sich deine Ritze / doch warte, bis ich dich anspritze / dann wirst du ganz schön gucken / denn ich bin der Meinung, du mußt es schlucken!« Auch in Sachen Hygiene hat der Song seine Prinzipien: »Auch in den Arsch fick ich gerne rein« (bei Frauen, versteht sich), »aber gewaschen, das muß er sein / hab ich braunes an der Leiste / fick ich dir ins Ohr und dann schreiste.«

Genug? – Ja, genug.

»Ich wurde hier geboren,
in diesem schönen Land,
doch was sich hier so tut
macht mich langsam krank,
Linke & rechte ›Propheten‹
die deine Zukunft
beschwören,
ich kann die ganze Scheiße
von euch nicht mehr hören!

Hör mir zu !!! Ich stehe
auch zu meinem Land
doch ich hebe dafür NICHT
meine rechte Hand!
Vaterlandsliebe kann uns
niemand verbieten,
auch ihr nicht mir euren
Intrigen.

Wir sind keine Braunen,
wir sind keine Roten,
wir sind wir,
die Bierpatrioten!«

BIERPATRIOTEN: »Bierpatrioten«, auf *Randale, Pogo, Alkohol*, 1994

»Irgendwo sind wir auch alle Deutsche, ob wir wollen oder nicht. Wenn ich sage ›Deutschland verrecke!‹, dann sage ich zu mir selbst indirekt: verrecke! Das ist ein Teil von mir.«

Josef Drexler, Co-Autor von *Skinheads in Deutschland*, 1987

»Wir kämpfen auf der Straße für eine gerechtere Zukunft – und zwar für alle Menschen in Europa. Wir kämpfen gegen die linken Meinungsmacher, gegen verdrehte ›Frankfurter‹ Lehrer, die den Kindern, unserer Zukunft, Utopien in den Kopf setzen.«

Anonymer Skinhead, in Klaus Farin (Hg.): *Skinheads – A Way Of Life*, 1999

Bleibt nur, noch kurz einen dritten Aspekt anzusprechen: den Lokalpatriotismus als Nationalismus im Kleinen, auf daß die Schrebergärtner-Mentalität der »Unpolitischen« ihren letzten Schliff erhält. »Hier in Schleswig-Holstein wird gesungen und gelacht / Hier in Schleswig-Holstein wird die Sau zur Wurst gemacht«, singen SMEGMA in ihrem »Schleswig-Holstein«-Song mit einem Text, wie ihn die Songschreiber der »Volkstümlichen Hitparade« nicht besser hinbekommen würden: »Und wenn du hier mal Urlaub machst, dann wirst du es schon sehen / Hier in Schleswig-Holstein kann man prima saufen gehen / Das ist unsere Heimat und an die kommt keiner ran / Das ist das Revier von den Jungs von nebenan.« Hier kommt der »unpolitische« Skin der kleinbürgerlichen Mitte auf Tuchfühlung nahe, unterscheidet sich vom Schunkel-, Butzenscheiben-, Gemütlichkeits-Muff der volkstümelnden Rentnermentalität nur noch durch den Einsatz der E-Gitarre, mental rein gar nicht mehr. »Es gibt sehr viele Völker, hier in unserm Land«, singen im Ton etwas schärfer die BIERPATRIOTEN und machen aus Bundesländern gleich ›doitsche‹ Stämme, »Sachsen, Bayern, Schwaben, das ist ja bekannt, / ob Frankfurt, ob Hannover, Hamburg und Schwerin / Es gibt nur eine Hauptstadt, und die heißt Berlin«, schmettern sie ganz im Tenor der Neuen Mitte. Und was deren Propagandisten in ihrer Hauptstadt-Euphorie zwar denken mögen, nicht jedoch aussprechen, findet sich hier unverblümt formuliert: »Ich bin ein Berliner, und darauf bin ich stolz / denn grad wir Berliner sind aus ganz besonderem Holz, / wir wissen was wir wollen, bei uns raucht der Kamin / wir sind die (Besten, Größten, Proißen) / und kommen aus Berlin.« Den Nazi-Slogan, aufs »Doitschsein« stolz zu sein, federn diese Bands lediglich dadurch ins vermeintlich Unpolitische ab, daß sie zwar dieselben Formulierungen verwenden, die sich auch auf alten BÖHSE ONKELZ- und STÖRKRAFT-Nummern finden, darin aber »deutsch« gegen den Namen eines Bundeslandes, einer Region oder einer Stadt austauschen.

»Working Class gehört auf jeden Fall dazu, es gibt keine intellektuellen Skinheads.«

Anonymer Skinhead, in Klaus Farin (Hg.): *Skinheads – A Way Of Life*, 1999

Die »verratene Klasse«: Kleinbürgers Proletkult

»Skinhead ist Working class! Working class bedeutet, sein Geld durch Arbeit zu verdienen. Arbeitslose, Studenten etc. können auch Skinheads sein, wenn es sich nur um einen vorübergehenden Zustand handelt.«
Thomas, Skinhead, in *Skinheads – A Way Of Life*

Suff, Sex, Kameradschaft und Heimatliebe sind also die Stützbalken einer »unpolitischen« Oi!-Szene, die beim Versuch, das Politische zu umgehen, ständig mitten in den braunen Fladen tappt, mit den ›neuen‹ BÖHSEN ONKELZ vergleichbar, die vorgeben, »Rechte wie Linke« abzulehnen. Obwohl sich die Oi!-Szene ganz nach dem Muster alter Subkulturen marginalisiert, unkommerziell und nahe an den Fans sein will – also sich auch gegen die gesellschaftliche Mitte zu wenden vorgibt, gegen jene »Spießer«, die beim Anblick von Skins gleich ängstlich die Straßenseite wechseln (was nebenbei keineswegs spießig sein muß, sondern ein durchaus sinnvoller Reflex sein kann, allem Militaristischen auszuweichen) –, repräsentiert sie doch ganz die Mentalität der kleinbürgerlichen Mehrheit – wenn auch nicht der Neuen Mitte im Sinne der New Economy.

»Unpolitisch sein bedeutet für mich, keine extremen politischen Ansichten zu vertreten und zu propagieren.«
Regine, 23, in Klaus Farin (Hg.): *Skinheads – A Way Of Life*, 1999

Die Neue Mitte nämlich ist ein Konstrukt, das sich aus verschiedenen politischen und kulturellen Mentalitätsverschiebungen innerhalb der letzten Jahre zusammengesetzt hat, darunter auch eine neue Protz-Mentalität, die das Kleinbürgerliche so sehr scheut wie sie ihm zugleich entsprungen ist. Zum Komplex Neue Mitte gehört unter anderem das Schröder/Blair-Papier um den »Dritten Weg«, also der Schulterschluß von Sozialdemokratie und Neoliberalismus; zu ihm gehört die Berlin-Propagierung sämtlicher Parteien mit Ausnahme der CSU, selbstredend, und der mit ihr einhergehende neue Zentralismus, der wiederum Hand in Hand geht mit der Neuerstarkung eines Deutschlands, das im Windschatten der Martin-Walser-Debatte als ein von der Vergangenheit und der Kontrolle der Alliierten befreites Deutschland begriffen und gefeiert wird; dazu gehört der erste rot-grün geführte Krieg ebenso wie das intensive Zusammenspiel von Po-

»Arbeiterklasse ist die Schicht, aus der meine Eltern kommen und leben, genau wie ich auch. Und in der heutigen Zeit ist es relativ aussichtslos, ›Karriere‹ zu machen, wenn man aus ›bescheidenen‹ Verhältnissen kommt. Also bleibt einem nix anderes übrig, als sich damit abzufinden und einen gewissen Stolz zu entwickeln.«
Ugly, Skinhead, in Klaus Farin (Hg.): *Skinheads – A Wy Of Life*, 1999

»Der Fußball und vor allem die mit ihm verbundene Gewalt eröffnet ebenso ein Ausdrucksfeld für das kollektive, männliche Selbstbild der Skinheads; dies identifiziert Männlichkeit mit physischer Härte und schließt die fehlende Bereitschaft ein, zurückzustecken, wenn es ›Ärger‹ gibt. (...)
Wir können diese drei miteinander verbundenen Elemente des Territorialismus, der kollektiven Solidarität und der Männlichkeit als die Ausdrucksformen ansehen, in denen die Skinheads das tradierte Bild der Gemeinschaft in einer Periode wiederzubeleben versuchten, in der die Erfahrung wachsender Unterdrückung Formen wechselseitiger Hilfe und Verteidigung verlangten.«

John Clarke: »Die Skinheads und die magische Rückgewinnung der Gemeinschaft«, in John Clarke u. a.: *Jugendkultur als Widerstand*, 1979

litik und Medien, also eine hohe Wertschätzung, Nutzung und Unterstützung sämtlicher Unterhaltungsbranchen, aber auch die Allianz von Politik und Mode – der Minister von Welt trägt inzwischen *Armani*. Tendenziell ist es die »Love Parade«, die den Soundtrack zu dieser Neuen Mitte abgibt, nämlich das Bild von einer sorgenfreien, fröhlichen, selbstbewußten und zuversichtlichen, ausgelassenen Nation, die zumindest nach außen hin den Eindruck erweckt, daß ihre Fröhlichkeit nicht nur das Privileg der Jugend ist, sondern eines von Leuten, die sich um ihre wirtschaftliche Existenz so wenig wie um politische Fragen sorgen müssen.

Genau dies unterscheidet den Optimismus der Neuen Mitte von der kleinen Gruppe der »unpolitischen« Skins, deren Optimismus deshalb so aufgesetzt wirkt, weil er bemüht ist, die drohenden materiellen Sorgen zu überdecken. Oi! ist in der Tat die letzte Subkultur eines bedrohten und im Verschwinden begriffenen Proletariats, der Versuch, etwas als Klasse hochzuhalten, was im neoliberalen Strudel längst schon den Boden unter den Füßen verloren hat. Der »ehrliche Arbeiter«, zu dem die Skins sich stilisieren, indem sie ihren eigenen Körper und dessen Kraft zum eigentlichen, letzten und einzigen Wert erklären, muß sich notgedrungen vor der New Economy fürchten und sie hassen, denn deren Investment liegt in der New Economy, in gewandten jungen Internet-Firmen und Event-Agenturen, in notfalls aus Indien importierten Computerspezialisten und nach China ausgelagerten Kleidungsfabriken.

Daß auch der Oi!-Skin Gründe gehabt hätte, in Genua gegen die Globalisierung zu protestieren, liegt damit auf der Hand – alleine, daß er seine Stimme nicht zum politisch-argumentativen Protest erhebt, weil das Ideal, das er propagiert, selbst nicht in die Zukunft weist, keinerlei Zukunft hat und also auch nicht erkämpft werden kann.

»Das Stationäre«, schrieb Georg Seeßlen in seiner *Oi! Warning*-Kritik, »scheint also beinahe so etwas wie die Grundbedingung der Faschistisierung der Skinhead-Bewegung«, nämlich die Unfähigkeit, sich etwas vorzustellen, zu dem es sich aufzubrechen lohnt. Statt Aufbruch suchen auch die »unpolitischen« Skins

Zuflucht in vertrauten Mustern, die sie von ihren Eltern und Großeltern erlernt haben: Stammkneipe, Heimatgemeinde, Eigenheim, Familie, Fußballverein und eine ebenso überschaubare, von der Stechuhr geprägte Arbeitswelt machen das »Stationäre« der Skin-Bewegung aus, das gewollt unflexible, nie in Frage gestellte Vertrauen auf überlieferte Werte, deren Hang zum kleinbürgerlichen Idyll sich deshalb zu einer aggressiven Subkultur hat verhärten können, weil die Protagonisten um das Verschwinden dieser Werte fürchten müssen. Mental handelt es sich um den Aufstand von Kleinbürgern gegen eine von ihnen als zu komplex empfundene Welt, durchaus vergleichbar mit dem Haß, den die Nazis den kulturellen Freiheiten der Weimarer Republik, dem »Kunst- und Kulturgestotter« (Adolf Hitler) entgegengebracht hatten – und zwar nicht nur den Freiheiten, sondern auch der Komplexität, die die Moderne dem Kleinbürgertum und dessen Ideologie, auf alles ließe sich eine einfache Antwort finden, entgegengehalten hatte.
Einen ähnlichen Haß gegenüber einer komplexen, auf zahlreichen Verweisen aufbauenden Kultur – gemeinhin Postmoderne genannt – pflegen die Oi!-Skins: Ihre Einstellung und ihr Auftreten sind nicht deshalb verwerflich, weil sie sich gegen neoliberale Smartheit und Überheblichkeit aussprechen, sondern weil ihr Anspruch auf einen proletarischen Lebensstil selbst noch bei den Nicht-Naziskins (Seeßlen nennt sie Noch-Nicht-Naziskins) all die Feindbilder mit übernommen hat, die wir schon von den Nazis her kennen – den Haß auf Glamour, Weltgewandtheit, Gender-Crossing, Ironie, Intellektualität, Scharfsinn und urbane Freude an der Vielfalt sich widersprechender Eindrücke, also Flüchtigkeiten, die den Wunsch nach Identität als vergessenes Einmachglas in der Vorratskammer zurücklassen.

»Die Jugendlichen übernehmen die mündliche Tradition des Viertels von ihren Eltern, vor allem die sich auf das Selbstbild der Gemeinschaft beziehenden Anteile, ihre kollektive Solidarität, ihre Männlichkeitsvorstellungen, ihr Verhältnis zu Außenseitern usw.«

John Clarke: »Die Skinheads und die magische Rückgewinnung der Gemeinschaft«, in John Clarke u.a.: *Jugendkultur als Widerstand*, Syndikat, 1979

Innerhalb der Oi!-Szene hat sich das alte subkulturelle Bedürfnis nach Independence erstmals gänzlich ins Reaktionäre gewandt. Das Beharren, Teil einer unkommerziellen, nur sich selbst verpflichteten Szene zu sein, hat den Wert der Selbstbestimmung seinerseits in den männerbündischen Schwur umgemünzt, sich musikalisch wie inhaltlich um keinen Preis von den einmal errichteten Standards zu entfernen. Entwicklung, also Bewegung, gilt stilistisch wie geistig als Verrat. War Independent als musikalische und subkulturelle Strategie einmal ein Weg, sich von den festgeschriebenen Formaten der Majors wegen deren Festgeschriebensein fernzuhalten und damit Experimentierfeld für Neues und musikalisch Ungewohntes, so dient es hier nur noch seinerseits formatiert der permanenten Reproduktion des Gleichen und ist in dieser Phantasielosigkeit auch noch stolz darauf, nie in *MTV* oder *VIVA* enden zu werden.

In dem Maße nämlich, in dem Major-Pop durchlässig wurde für musikalische Experimente und Überraschungen, verkrustete diese Form von Independent zur totalen Ideen- und Experimentierlosigkeit – eine Eigenschaft, die Oi! zumindest musikalisch mit dem Punk von heute gemeinsam hat. Oi!, das musikalische Äquivalent zu Gartenzwergen und Häkeldeckchen, macht deutlich, daß die Kulturindustrie bunter, heterogener, komplexer, ambivalenter, minderheiten-akzeptabler, kurz: unberechenbarer und damit letztlich selbst noch in ihrer Funktion als kapitalistische Vergnügungsstätte menschlicher sein kann als eine nur sich selbst überlassene Subkultur.

»Man will sich äußerlich nach zwei Seiten abgrenzen: einerseits nach ›oben‹, gegenüber Industriellen, Beamten und überhaupt der Oberklasse. Andererseits gegenüber Leuten, die vielleicht aus derselben Schicht stammen, aber zu anderen Auffassungen gelangt sind. Skinhead zu sein hat nie bedeutet, dieses ›No Future‹-Syndrom zu verinnerlichen, sondern im Gegenteil aus den bestehenden Realitäten heraus das Beste zu machen und seinen Weg zu machen, so gut es geht.«

Jörg, Skinhead, in Markus B. Eberwein & Josef Drexler: *Skinheads in Deutschland*, 1987

Gleichzeitig ist Oi! ein Phänomen, das zeigt, auf welch verlorenem Posten der Klassenkampf nach alten Mustern steht. »Die Sprache, also das Formulatorische«, hatte Ernst Bloch 1948 geschrieben, »das Proleten das kleine und große Einmaleins ihrer Selbstbefreiung ausdrückt, stammt nicht aus ihren Bereichen, stammt vielmehr weitgehend aus dem bürgerlichen (...) Bildungsmonopol«. Oi! reiht Slogans aus nicht reflektierten Sprechweisen zusammen, das Vokabular von Schlager und Volksmusik ebenso wie das aus Pornofilmen, und bekundet damit ein berechtigtes Mißtrauen gegenüber dem bürgerlichen Privileg, Sprache zu verwalten und über deren Einsatz zu richten. Der ganze Haß auf political correctness, sofern er nicht seitens der *FAZ* und *Jungen Freiheit* ausgetragen wurde, läßt sich ja nicht zuletzt auf die kleinbürgerliche Ohnmacht zurückführen, sich der eigenen Sprache beraubt zu fühlen. Als Bloch 1948 das Problem thematisiert hatte, daß es dem Proletariat an einer argumentativen Sprache mangelte, weshalb es »falsche Halbbildung« übernahm,

»die doch nur die Nazis unterstützt hat«, wollte er noch auf »Lehrer« hoffen, die das »Wortleben der Massen« zu fördern verstünden.

Ein Lehrer dieser Art ist Bloch selbst so wenig geworden, wie Adorno oder Dutschke es haben werden können – wohl aber dienen bis heute Stefan Raab, die BÖHSEN ONKELZ, Marius Müller-Westernhagen, PUR, Maffay und DJ ÖTZI als Lehrer, die sich das verbliebene Proletariat nicht zur Förderung, sondern Verkrustung der Sprache selbst ausgesucht hat. Wer dies kritisiert, macht sich aus gutem Grund bildungsbürgerlicher Überheblichkeit verdächtig. Die Kritik, die sich gegen eine falsche, weil auf Selbsteinengung basierende Sprachverweigerung richtet, kann auch nicht ernsthaft ein »Adorno für alle!« postulieren; sie sollte vielmehr genau unterscheiden, welche verschiedenen Formen der Verweigerung, dem Bildungsbürger nach dem Mund zu reden, gefunden wurden und welche von ihnen Gefahr laufen, reaktionär zu werden. Überall dort, wo die Verweigerung nicht eigene Formen von Selbstironie, -regulierung und -distanz ausbildet (was ja im HipHop und der »Kanak Sprak« oft der Fall ist), ist das selbsternannt Proletarische gefährdet, in jene Gefilde abzudriften, denen es ja auch schichtspezifisch meist entspringt – ins Kleinbürgerliche. Also ins rituell Zwangsneurotische, in die Siedlungs-Mentalität, am Freitag das Treppenhaus zu wischen und am Samstag das Auto zu waschen, die Familie zu baden und den Bordstein zu kehren. Von dieser Siedlungs-Mentalität singt Oi! ein Lied ums andere, von der Idyll-Hölle, die von Peter Alexander und seiner »Kleinen Kneipe« kein Stückchen entfernt ist, wohl aber um Lichtjahre vom Pop, wie er sich über Janet Jackson und George Michael auf *MTV* präsentiert. Wen wundert es, daß *Frontal*, ein Naziskin-Fanzine der Mittneunziger, neben den einschlägigen Bandinterviews und derben Rostock-Lichtenhagen-Witzen über verbrennende Asylanten auch Fanportraits von Heinz Erhard veröffentlichte, ganz dem kleinbürgerlichen Eskapismus ins Heiter-Unbeschwerte verpflichtet, aus dem der »unpolitische« Skin immer schon die dubiose Berechtigung gezogen hat, auf Deutschland stolz sein zu können, ohne damit Politik zu betreiben.

Stephan: »Bei Skins ist es halt so: Punks waren die meisten Leute im Teenie-Alter. Da waren sie noch in der Schule und haben gesehen: jetzt müssen wir arbeiten und unser Geld verdienen. Da kannst du nimmer so rumlaufen, geht ja irgendwo nicht, und da kam die Skinbewegung genau richtig. Arbeiterbewegung, genau das, was du vertreten kannst, gedanklich: Mittelklasse, oder untere Schicht, da, wo ich meine Sympathien hege, selbst wenn man's nicht mehr ist.«

Stephan, BÖHSE ONKELZ, 1987, in Markus B. Eberwein & Josef Drexler: *Skinheads in Deutschland*, 1987

»Frauen sind allenfalls Mitbringsel: ›Freundin von...‹, ›Rocker-Butzen‹. Darin und im niedrigen Bildungsstatus unterscheiden sich diese Gruppierungen von der ›linken‹ Szene mit ›Punks‹ und ›Autonomen‹.«

Prof. Dr. Arthur Kreuzer, in »Skins, Rocker, Rechtsextremismus«, *FAZ*, 24.4.01

Am Proletarischen der Skin-Proletarier muß also kritisiert werden, daß sie keinerlei Klassenbewußtsein haben (weshalb Klassenkampf ihnen ein fremder, toter Begriff ist), sondern nur den Erhalt der einmal erworbenen kleinbürgerlichen (und damit nicht proletarischen) Werte gegen ein als feindlich empfundenes Draußen um so aggressiver verteidigen, je weniger Vision sie ihrerseits besitzen. Traumatisch um den Erhalt von Familie, Heim, Arbeitsplatz und Körperkraft bemüht, bilden sie die letzte Bastion eines alten Kapitalismus, dessen Werte längst schon von einem neuen abgelöst wurden, der sich um sie einen Fliegendreck schert und Flexibilität, Kreativität, Einfühlungsvermögen, kurz: Identitäten-Switch auf sein Banner geschrieben hat. Dem gegenüber ist Oi! beinahe schon wieder beharrlich unbequem, ja die vielleicht letzte störende, unvereinnahmbare Subkultur, mit der nicht nur ›sexy‹ Dieter Gorny aufgrund ihrer Unsexyeness nie etwas würde anfangen können, sondern die sogar den Gewerkschafts-Anbiederer-, Autoindustrie- und *Holzmann*-Sanier-Kanzler Gerhard Schröder in Sachen proletarisch inszenierter Vulgarität vor den Kopf stoßen würde. Oi! ist einerseits so angepaßt-spießig wie andererseits öffentlich, also in den Medien, out, tabu, verdrängt. Nicht umsonst spielt die Neue Mitte mit dem smarten Pop, um von den sozialen Defekten und Häßlichkeiten abzulenken, die im gar nicht so smarten Volk noch immer allerorten das Bewußtsein und die Dekoration der Vorgärten bestimmen. Wo die Neue Mitte »Berlin« schreit und damit Glaspaläste meint, die Deutschlands Mitte den angeblich so lange verwehrten Anschluß an die kapitalistischen Zentren der Welt schenken sollen, macht Oi! auf häßliche Weise deutlich, daß es in diesem Land auch noch Orte wie Worms, Finsterwalde, Ludwigshafen, Halle und Bochum gibt.

»Das sozialdarwinistische Weltbild der ONKELZ harmoniert unversehens mit einem ›modernen‹, deregulierten Konkurrenzkapitalismus: Das Soziale wird konsequent biologisiert, ontologisiert und ethnisiert. Nach der altbewährten Devise ›Kampf ist der Vater aller Dinge‹ gehorchen gesellschaftliche Konflikte stets und für immer Naturgesetzen, und demzufolge gilt: Nur die Stärksten kommen durch.«

Klaus Walter, in: »The Kids Are Not Alright«, in *alles so schön bunt hier – Die Geschichte der Popkultur von den Fünfzigern bis heute*, 1999

Im Zuge der Neuen Mitte, die als politische Wende hin zu einem neuen Kapitalismus auch eine Wende hin zum »Kapitalismus ist Pop« vollzogen hat, revoltieren die Nicht-Nazi-Oi!-Skins selbst noch ohne revolutionäres Vokabular und Bewußtsein dagegen, an den Rand gedrängt worden zu sein und als solcher in der Mitte nur noch für peinliches Mitgefühl zu sorgen; eine Art unangenehme Erinnerung, daß der Paradigmenwechsel hin zum smarten Jungunternehmer-Kapitalismus, der das Bild dreckig-beschädigter Arbeit zu verdecken weiß, doch noch nicht so flächendeckend vollzogen ist. Es gilt bezüglich der Oi!-Skins ebenso wie bezüglich der BÖHSEN ONKELZ, auf deren Worte genau zu hören, denn sie zu verdrängen hieße, die Mentalität der Mehrheit zu verdrängen.

Die Lebenseinstellung der »Unpolitischen« ist von dem Wunsch geprägt, daß alles so bleiben soll, wie es ist – gepaart mit der Angst, es könne sich verändern. Der Stolz, »in der Woche zur Maloche zu gehen und am Wochenende mal abzuschalten« (Mario, Skinhead), findet sich mit der Abhängigkeit ab und glorifiziert diesen Zustand, statt ihn verändern zu wollen in Abgrenzung zu »Studenten«, »Intellektuellen«, »Arbeitslosen« und (hier wiederum nähert sich die Skin-Sprache den Worten unseres Bundeskanzlers an) »arbeitsscheuem Pack« (Rico, Skinhead). Kaum eine Subkultur thematisiert deshalb so häufig, wie wichtig das Geldverdienen ist, um auf der anderen Seite den »Spaß« finanzieren zu können. Abgesehen von ein paar modischen Besonderheiten sind die »Unpolitischen« also gar nicht Teil einer randständigen Subkultur, sondern die normalsten, ja durchschnittlichsten Bürger dieser Republik.

»Du kannst es nicht verstehn
daß ich anders bin als du
Ich bin sehr oft breit und
schlag auch gern mal zu
Mein Leben ist 'ne Party,
und ich steh' auf geilen Sex
Und dir wird schon schlecht,
wenn du deine Alte leckst.

Nenn' mich pervers, nenn'
mich asozial
Nenn' mich wie du willst,
das ist mir scheißegal
Doch nenn' mich einmal
Nazischwein
Dann schlag ich dir die
Fresse ein.

Du sagst, ich kleide mich
militant, faschistoid
Bin ein assiger Proll, marschiere nur in Reih und Glied
Und ich hab keine Ahnung
wovon du da sprichst
Ja, wo ist das nächste Bier,
das ist die Frage, die mich
quält.«

SMEGMA: »Eure Art zu leben«, auf *Schrammel-Oi*, 1996

Gothic, Apocalyptic Folk und die Neue Rechte

»T-Hemden« statt »T-Shirts«

In den achtziger Jahren hätte wohl noch niemand vermutet, daß diese Grüppchen von schwarz Gekleideten, die sich gerne auch die Fingernägel, Lippen und Augenlider schwarz schminkten und höchstens mal durch nächtliche Spaziergänge auf dem Friedhof auffielen, eine Affinität zur rechten Szene hätten. Die Gruft- und Dark-Wave-Anhänger waren seinerzeit – und sind es zum großen Teil auch noch heute – von ihrem Selbstverständnis her eher links, was sich allerdings meist in bloß emotionalen Befindlichkeiten wie Umweltbewußtsein und Tierschutz ausdrückte, einem längst auch von Rechten erfolgreich besetzten Terrain.

»Die schwarze Szene definiert sich gerne als tolerant«, schrieb die Gruppe »Gruftis gegen Rechts« 1999 eher resigniert in einem offenen Brief an die Presse, »leider haben wir jedoch den Eindruck, daß Toleranz häufig mit Kritiklosigkeit und Beliebigkeit verwechselt wird.« Toleranz, Friedfertigkeit und ein hoher Frauenanteil in der Szene haben die Gruft- und Darkwave-Anhänger lange Zeit gegenüber dem Verdacht rechter Gesinnung geschützt; ihr Hang zum Morbiden, Romantischen und Mystischen wurde allenfalls als esoterische Nachfolge der Hippies abgetan – wobei gerade das Esoterische von Anfang an Raum für allerlei unausgegoren rechtes Geschwirbel bot. Bevor eine kritische Öffentlichkeit mobil machte, lagen die antisemitischen Weltverschwörungstheorien eines Lars van Helsing in Gruft-Haushalten auf so manchem Nachtschränkchen und wurden wie ein Krimi konsumiert, ohne daß die antisemitische Propaganda darin überhaupt wahrgenommen wurde. Bis heute nämlich sind viele Anhänger der Gruft-Szene vor allem eines: Meister der Verdrängung. Sie wollen in Ruhe gelassen werden, weiter wunderliche Träume spinnen, ohne mit Politik in Verbindung gebracht zu werden. Und dies, obwohl ein Großteil der Symbole, die auch noch von den

»Es handelt sich (...) um eine ästhetische Opposition, die berauscht ist vom Düstren, vom Diabolischen und einer von Fritz Lang und Leni Riefenstahl her bekannten Grausamkeit des Ornaments. Wenn die neuheidnischen Esoteriker, dieser wohl bizarrste Flügel der Neuen Rechten, gelegentlich auch Elemente des Faschismus wiederentdeckten, dann in seiner ästhetischen Dimension als Mathematik der Masse und Pathos des Symbols, als Rausch der Exaktheit und kollektives Stahlbad.«

Baal Müller: »Schwarze Szene: Eine Momentaufnahme aus ›wissenschaftlichen Gründen‹«, in *Junge Freiheit* 50/98

»Unpolitischen« benutzt werden, von nordischen Runen bis zur schwarzen Sonne, durch die Nazis für alle Zeiten diskreditiert sind.

Über die Verstrickung der Darkwave-Szene mit der Neuen Rechten ist in den letzten fünf Jahre viel geschrieben worden. Die Verstrickung selbst kann jeder leicht nachvollziehen, indem er eine der einschlägigen Bands als Internet-Suchbegriff eingibt: Sehr schnell wird er nicht nur zu zahlreichen Antifa-Seiten geleitet, die inzwischen massiv gegen den neurechten Strang innerhalb der Szene mobil machen, sondern wird auf ebenso viele Seiten der Neuen Rechten stoßen, die sich diese Musik als ideologischen Lockvogel angeeignet haben, etwa die völkisch-antisemititsche, ganz auf Nazipop abonnierte Seite »IDN – Identität durch Musik«. Hier haben wir es mit Gruppierungen zu tun, die sich niemals mit dem tumben Rechtsrock von ENDSTUFE und STÖRKRAFT einlassen würden, sondern denen die musikalische Abiturienten-Variante brauner Gesinnung gerade recht kommt als Soundtrack zu pseudowissenschaftlich unterfütterten Rassenlehren. Diesem Netzwerk mit all seinen personellen Verästelungen nachzugehen, die von der *Jungen Freiheit* bis zur Thule-Gesellschaft reichen, würde Stoff für ein eigenes Buch hergeben, derart fest sind gewisse Darkwave-Bands bereits in nahezu allen Organisationen der selbsternannten rechten Intelligenz verankert. Dieser Text kann daher nur andeuten, wie tief diese Liaison längst reicht und welche Mentalität dafür sorgte, daß Pop auch für eine kulturkonservative Rechte hat attraktiv werden können – wie auch umgekehrt diese Rechte für ein ganz bestimmtes subkulturelles Milieu.

Daß hier wie auch in fast allen Schriften der Antifa permanent von Darkwave die Rede ist, ist allerdings ein nicht ganz korrekter Notbehelf. Der Kern neurechter Bands ist zwar lange Zeit von der Darkwave-Szene getragen worden, würde sich aber selbst nicht so bezeichnen. Musiker wie Boyd Rice und Bands wie DER BLUTHARSCH entstammen der Industrial-Szene, DEATH IN JUNE, FIRE & ICE und SOL INVICTUS bilden mit ihrer Form des Neofolk, von ihnen selbst als Apocalyptic Folk bezeichnet, einen ganz eigenen Substil, der inzwischen auch eine eigene Fangemeinde

»Die Neue Rechte begann Anfang der 90er Jahre über ein Thema nachzudenken, was den Neonazis scheinbar per se diametral entgegenstand: Popmusik. (...) ›Pardon, ich höre Popmusik‹ überschrieb der Österreicher Jürgen Hatzenbichler (Mitglied der FPÖ) einen Artikel im Naziblatt *Nation & Europa* (3-4/91), in welchem er sich von ›afrikanischen Strömungen‹, ›schnelle(n) Rhythmen und auf Gestammel reduzierte(n) Texte(n)‹ distanziert, um gleichzeitig zur Herausbildung einer rechten ›Gegenkultur und Alternativkultur‹ aufzurufen. Was bei ihm noch als ›Provokation‹ untertitelt war, präsentiert Roland Bubik, Stipendiant der Konrad-Adenauer-Stiftung, im Herbst 1993 in der *Jungen Freiheit* unter dem Schlagwort: ›Die Kultur als Machtfrage‹. Angelehnt an den italienischen Kulturphilosophen und Klassiker der Anti-Moderne Julius Evola (1898–1974), den Umberto Eco als ›faschistischen Guru‹ beschrieb, sieht er in Teilen der Popmusik Anknüpfungspunkte für die von Evola postulierte ›Revolte gegen die moderne Welt‹ und kommt zu dem Ergebnis: ›... die Jugendkultur von heute bietet erfolgsversprechende Ansätze hierfür. (...) Ein merkwürdiges Bewußtsein, in einer Phase des Niedergangs zu leben, ist virulent, vom ›age of destruction‹ ist die Rede (...). Man (...) mißtraut der Erklärbarkeit der Welt, wendet sich sogar rückwärts, etwa in Form der verschiedenen Independent-Szenen‹.«

Aus: Antifaschistisches Pressearchiv Berlin e.V.: *Darkwave und Rechtsextremismus*, 1999

anspricht, die sehr wohl weiß, vor welchem ideologischen Hintergrund hier Folk sich auf Volk bezieht. Der Einzelgänger Josef Maria Klumb dagegen, dessen Name selbst Einzug in den *Spiegel* hielt, nachdem seine Band WEISSGLUT einen Plattenvertrag mit *Sony Music* bekam, läßt sich keiner festen Szene zuordnen: Sein Werdegang reicht von der Punkband CIRCLE OF SIG-TIU über zahlreiche Gothic-, Pathosrock- und Neofolk-Pfade bis hin zur Neuen Deutschen Härte, als die *Sony* WEISSGLUT im Zuge des RAMMSTEIN-Erfolgs zu verkaufen versuchte. Dem musikalischen Chamäleon Klumb geht es dabei schon lange nicht mehr darum, einer Musikszene anzugehören (zudem fast jede ihn inzwischen als untragbar ausgeschlossen hat), sondern als selbsternannter Freigeist seine Fäden überall dort zu spinnen, wo sich rechte Gesinnung manifestiert, unter anderem auch in Teilen der von Neonazis durchsetzten Black-Metal-Szene.

Der Gruft- und Darkwave-Szene pauschal rechte Gesinnung vorzuwerfen, wäre also so falsch, wie aufgrund der Existenz des *Rock-o-Rama*-Labels die komplette Punkszene als von Rechten infiltriert darzustellen; innerhalb der Darkwave-Szene hat sich vielmehr ein kleiner, aber wortgewaltiger Teil in dem Maße zur Rechten bekannt, in dem er sich selbst vom Darkwave abgrenzte, wohl aber im Windschatten dieser Szene hatte wachsen können. Dies wiederum liegt daran, daß die Darkwave-Szene trotz ihres immer wieder beteuerten Desinteresses an Politik bereits ästhetisch eine kulturkonservative, antimodernistische Bewegung ist. Anfang der Achtziger als Abspaltung von Punk entstanden, münzten die New Romantics das aggressiv fordernde »No future« in eine passive, wehmütige Fin-de-siecle-Haltung um, deren Gefühl, von der Moderne betrogen worden zu sein und deren Niedergang in einer Art Totenfeier zu zelebrieren, von der Neuen Rechten zu Beginn der Neunziger mit offenen Armen empfangen wurde. »Die heidnische Mystik«, begeisterte sich Baal Müller 1998 in der *Jungen Freiheit,* »bleibt genauso Musik wie die ›One world‹ – und ›One familiy‹-Phrasen der Love Parade«, die Leser im Unklaren lassend, wie etwas – die »heidnische Mystik« –, das nie Musik war, Musik bleiben kann. »Immerhin«, fährt er fort, »muß man den Protagonisten der Schwarzen Szene ein weit

»Schon zu Ende der Hitlerzeit wurden gelegentlich Wörter wie ›deutsch‹, ›germanisch‹ oder ›arisch‹ durch ›europäisch‹ ersetzt. Den Anstoß gab die Waffen-SS, die gegen Kriegsende so ausgeblutet war, dass sie nichtdeutsche Soldaten aufnehmen musste. Die SS-Soldaten starben nun nicht mehr für das deutsche Volk, sondern die euopäischen Völker. Generäle der Wehrmacht und der Waffen-SS werden – allerdings im Nachhinein – nicht müde, den europäischen ›Freiwilligenverbänden‹, die oft aus Kriegsgefangenen bestanden, die auf diese Weise dem Lager entkamen, ›supernationales Kämpfertum‹ und ein ›Bekenntnis zu Europa‹ zu bescheinigen. (...)
Als Höhepunkt der Verallgemeinerung wird ›Europa‹ durch die ›weiße Welt‹ (wohl ein Deckbegriff für ›weiße Rasse‹) ersetzt. Horst Mahler behauptet, dass ›am 8. Mai 1945 (dem Tag der deutschen Kapitulation) der weiße Mann in der Welt eine entscheidende Niederlage erhalten hat.‹ *Nation & Europa* jammert, ›daß sich Europa, die weiße Welt überhaupt, längst im Status der ethnischen Belagerung befindet‹.«

Friedrich Paul Heller & Anton Maegerle: *Die Sprache des Hasses. Rechtsextremismus und völkische Esoterik*, 2001

höheres intellektuelles Niveau und einen Willen zur Eigenständigkeit und Unabhängigkeit zubilligen, die sie von den amerikanisierten Techno-Freaks und Rappern erheblich unterscheiden. Auch betont der Sänger von BLOOD AXIS« (einer neurechten Band aus den USA) »immer wieder den kulturellen Anspruch und die europäische Verwurzelung seiner Kunst, worin wohl der größte Unterschied zu anderen Erscheinungen zeitgenössischer Jugendkultur besteht. Vielleicht ist es ein schwaches Zeichen solchen Traditionsbewußtseins, daß die Veranstalter statt amerikanisch T-Shirts deutsche ›T-Hemden‹ verkauften?«

Das, was da weniger »schwaches Zeichen« als Zeichen von Schwachsinn ist, trifft sich vom Tenor her, wenn auch über ganz andere Hintertüren hoffähig gemacht, auf einer Argumentationslinie mit Heinz Rudolf Kunze und all jenen Rockern der Neuen Mitte, die deutsche Popmusik vor »ausländischem Schund« bewahren wollten – alleine, daß es den Neuen Rechten längst nicht mehr nur um Deutschland, sondern bereits weitreichender um einen Mythos vom weißen Europa geht.

»›Der Zweifel, den man allen freieren Formen des Regierens entgegenbringt, (…) hängt mit ihrem Mangel an Geheimnis zusammen‹, schrieb Elias Canetti in ›Masse und Macht‹. In diese Wunde streut die ›Neue Rechte‹ ihr Salz. Die Gier nach dem Geheimnisvollen, nach dem nur Eingeweihten zugänglichen, also esoterischen Wissen und die Sehnsucht nach verborgenem Sinn bildet die Struktur, welche die Gruft-Szene für die ›Neue Rechte‹ so attraktiv macht.«

Mit diesen entwaffnend klaren Sätzen faßt Alfred Schobert die Quintessenz seines Artikels »Aufstand gegen die Moderne. Dark Wave und ›Neue Rechte‹« (*Spex*, Mai '96) zusammen. Anlaß, etwas tiefer in den bereits gelegten Sumpf zu dringen, war eine Anzeige der *Jungen Freiheit*, des Zentralorgans der Neuen Rechten, in *Zillo*, dem kommerziellen und auflagestarken Zentralorgan der Gruft- und Darkwave-Szene. Gewiß, fast jeder Subkultur läßt sich unterstellen, sie arbeite mit esoterischem, weil nur Eingeweihten zugänglichem Wissen; dies trifft auf HipHop mit all seinen Anspielungen auf eine lange, zahlreichen Wandlungen

»Die Künstler stilisieren sich durch ihre *corporate-identity*-Präsentation auf Bühne und Tonträger (…) zu romantischen ›Schmerzensfiguren‹. Die Maske bei DEATH IN JUNE (…), eigentlich Mittel magischer Transformation, verweist in ihrem Einsatz als Teil der Bühnenshow zurück auf den Träger selbst und verleiht ihm eine extreme Form von Subjektcharakter. Das gequälte Ego wird nicht wirklich ›getarnt‹, sondern unterstrichen: It's ME, ›hidden amongst the leaves!‹ Das Konstrukt ›Europa‹, dessen Verlust immer wieder beklagt wird (›Death Of The West‹!) – von je her kultureller *salad-* und *meltingpot* – wird zum Zustand einer verlorenen kulturellen ›Reinheit‹, das neben den idealisierten Modellen früherer Kulturen Bestand haben könnte. Die finale Apokalypse schließlich ersehnt den ›schamanischen‹ Tod als Ausgangspunkt für den kulturellen *rite de passage*; der Tod gilt als möglicher Neubeginn. Der *apocalyptic folk* erweist sich unter diesen Gesichtspunkten als wahrhaft antimoderne Strategie auf der Suche nach kultureller Authentizität und Identität – sehr nah an der Baudrillard-Rezeption der *nouvelle droite*.«

Marcus Stiglegger: »Trauer und Reinheit«, in *Auf Abwegen*, 1997

»Deutschland ist das Zentrum einer Musikkultur geworden, die ihre Wurzeln im antimodernistischen Gestus der ›Gothic-‹ (gemeinhin auch Gruft-)-Szene besitzt. (…) Dieses Gemisch birgt eine Sprengkraft, vor der sich alteingesessene Sittenwächter des Musik-Mainstreams in Acht nehmen müssen. Wenn das Mystische und Irrationale, der Wunsch nach anti-aufklärerischer Innenschau und gelebter Transzendenz ihre Stimme in der Jugendkultur finden, ist der ästhetische Konsens des Westens durchbrochen. Wenn die Bezugspunkte Mittelalter und deutsche Geisteskultur darstellen statt ›Love and Peace‹, wenn die Seele gegen den Intellekt ins Feld geführt wird – dann schneidet sich ein Keil in das Establishment oberflächlicher Beliebigkeit.«

Junge Freiheit 4/96

unterworfene schwarze Slang-, Musik- und Filmtradition (Wer knackt alle Verweise und Zitate auf einem PUBLIC ENEMY-Album?) ebenso zu wie auf den Zitatpop einer Band wie den PET SHOP BOYS, deren semantische Komplexität nur einer kleinen Gruppe eingeweihter Pop-Maniacs zugänglich ist. Es trifft strukturell in hohem Maße auf das ganze Wesen der Independent-Musik zu, deren Reiz gerade im Wesen des »Alternative« besteht, Musik nur für eine kleine Gruppe von Spezialisten zu produzieren. Und doch besteht ein entscheidender Unterschied zur Esoterik der Gothic-Szene darin, daß Komplexität, Anspielungsreichtum und Hang zum Spezialwissen im Pop gewöhnlich nicht antimodernistisch, sondern allenfalls postmodern eingesetzt werden. Komplexität in diesem Sinne kann durchaus aufklärerisch sein, sich allzu einfachen Erklärungsmustern verweigern und damit auch normative Mechanismen der Wahrnehmung in Frage stellen. Das Geheimnisvolle, mit dem sich die Gothic-Szene in Teilen umgibt, verdunkelt dagegen die Tradition der Aufklärung durch den Gebrauch von Mythen, Verschwörungstheorien und Symbolen; die Verdunklung zielt – so paradox dies auch scheinen mag – auf »Reinheit«. Ihr ist gerade nicht an Komplexität gelegen, sondern daran, auf die als viel zu komplex empfundene Welt mit einfachen Antworten zu reagieren. Dieses Bedürfnis hat die Szene mit der Oi!-Bewegung gemeinsam, alleine, daß Oi! die einfachen Antworten im faßbaren, kleinbürgerlichen Idyll sucht, Darkwave dagegen im nebulös Okkulten, das Komplexität mit dem Verweis auf Unerklärliches negiert. Vor allem die Vertreter des »Apocalyptic Folk« führen den Begriff der »Reinheit« immer wieder als eines ihrer zentralen Anliegen an.

Unter dem Begriff »Apocalyptic Folk« läßt sich eine vergleichsweise kleine Gruppe von untereinander befreundeten Bands zusammenfassen, denen das Revival einer einfachen, handgemachten, oft auf mittelalterliche Musik rückbezogenen Folklore gemeinsam ist, nachzuhören bei CURRENT 93, DEATH IN JUNE, NEITHER/NEITHER WORLD, SOL INVICTUS, THE MOON LAY HIDDEN BENEATH A CLOUD und ORDO EQUITUM SOLIS. Die historischen und personellen Verstrickungen zur Industrial Culture sind offenkundig, obwohl diese Gruppen natürlich auch von Teilen der Gothic-Szene gehört werden. Der Umschlag von aufklärerischer Schockästhetik in antimodernistische Esoterik nahm seinen Anfang (vergleiche hierzu auch das Eingangskapitel) mit der Gründung von PSYCHIC TV. David Michael Bunting, CURRENT 93-Gründer (der Bandname bezieht sich auf den von Bunting früher verehrten Aleister Crowley), der sich später David Tibet nannte, begann seine Karriere als Tempeljünger von Genesis P. Orridge. CURRENT 93 waren Anfang der Achtziger noch eine reine Industrial-Band, wenn auch bereits sehr mystisch geprägt, arbeiteten mit Samples und Tapeschleifen und ließen damals trotz okkultem Vokabular noch eine durchaus ambivalente Lesart zu, ja sogar Humor erkennen, etwa wenn sie auf *Dawn* das »California Dreaming« von den MAMAS & PAPAS in einer Collage zerpflückten und mit satanisch keifendem »destruction, destruction, destruction« unterlegten und damit darauf hinwiesen, was Charles Manson aus diesem Hippie-Traum gemacht hatte. Der Manson-Kult war wohl schon damals ungebrochen und so affirmativ wie die Hingabe zum kruden Satanisten Crowley; der Musik hörte man dies jedoch noch nicht notgedrungen an.

Weitere Anknüpfungspunkte zur Industrial-Szene finden sich in der Zusammenarbeit von DEATH IN JUNE mit Boyd Rice, außerdem lassen sich im Œuvre sämtlicher THROBBING GRISTLE-Ableger – PSYCHIC TV, CHRIS & COSEY und COIL – Phasen einer Neuaufwertung des Folk finden.

In der zweiten Hälfte der Achtziger kam es auch in den USA zu einem Folk-Revival (bei Penelope Houston, Barbara Manning u.v.m.), das bewußt an die Tradition der Protestsongs von Woody Guthrie bis Bob Dylan anknüpfte; der »Apocalyptic Folk« dagegen versteht sich explizit als neokonservatives »Protestlied«, dessen Rückkehr zur musikalischen »Reinheit« (was bis hin zum Einsatz von Menschenknochen und -schädeln als Instrumenten geht) explizit Anti-Pop sein will, sich also vor allem gegen US- und afroamerikanische Tendenzen wendet. Mit ihrer Rückkehr zu den ›unverbrauchten‹ Klängen einer vorwiegend angelsächsischen Folklore sehen sich diese »traurigen Gestalten« als Narren, Ausgegrenzte in einer verlorenen Position und zugleich als postapokalyptische Verkünder eines neuen Reiches. Wenn sich

»Wir leben schon in Zeiten der Schwarzen Sonne. Sie schwebt schon über uns allen als wahrer Niedergang Europas, ganz egal, wo auch immer wir uns in der Welt befinden sollten. Sie schaut auf uns herab und wartet. Sie steht als Zeichen für unseren kollektiven Faustischen Pakt. Es ist die Flagge der arischen Nation, die winselt. Es ist Gott.«

Douglas P., DEATH IN JUNE , im Interview mit Stephan Pockrandt

etwa ein Stück von SOL INVICTUS zur Bombardierung Dresdens mit der Zeile »No war amongst brothers!« als nachträgliche eurozentristische Verbrüderung mit den Deutschen ausgibt, wird deutlich, wohin die Sehnsucht dieser ›Außenseiter‹ gerichtet ist: Erträumt wird ein ›weißes‹ Europa, das sich kulturell wie wirtschaftlich als neue Hegemonie gegenüber »ethnischer Belagerung« (*Nation und Europa*), sprich Zuwanderung abschottet. Wendy van Dusen von der Neofolk-Band NEITHER/NEITHER WORLD spricht offen aus, wie begrüßenswert das völlige Aussterben der afrikanischen Bevölkerung wäre: »Ich würde sagen, die größte Botschaft, die meine Gruppe NEITHER/NEITHER WORLD in sich trägt, ist die Erhaltung der Instinkte und die allumfassende Zerstörung. Ich denke, es ist enorm wichtig, daß Leute begreifen, daß Gewalt, Tod und all die Finsternis, die die Menschen ängstigt, in Wirklichkeit eine schöne Sache ist. Unser Planet ist unverkennbar überbevölkert und wenn ich Kriege, Krankheiten und Hungersnöte überall auf der Welt sehe, wärmt dies mein Herz.«

Nicht erst durch solche Äußerungen wird deutlich, wie stark sowohl Apocalyptic Folk wie auch Gothic jeglichen afroamerikanischen Einfluß aus ihrer Musik verbannt haben. Soul, Funk, HipHop und Jazz haben in dieser Musik keinen Platz. Hinter diesem Ausschluß bereits einen latenten Rassismus zu vermuten, wäre überzogen, kommt einem aber spätestens dort in den Sinn, wo einige Vertreter dieses weißesten aller weißen Popstile »Reinheit« mit kultureller Hegemonie gleichsetzen – die Angst der Kolonisatoren vor ›dem Schwarzen‹ ist so groß, daß die schwarze Kleidung wie ein Abwehrmechanismus erscheint, ein fauler Zauber, mit dem ›das Fremde‹ ähnlich abgehalten werden soll wie seinerzeit die Pest, der die vermeintlichen Heiler in schwarzen Gewändern entgegentraten.

Noch in der zweiten Auflage des Buches *Gothic! Eine Szene in Deutschland aus der Sicht ihrer Macher* (Schwarzkopf & Schwarzkopf, 2000) findet sich ein tendenziöser Apocalyptic-Folk-Aufsatz von Dirk Hoffmann (*Zillo*-Magazin), der genau das unterstreicht, was die »Grufties gegen Rechts« als fatale Toleranz der Szene bezeichnet haben. In wertkonservativer Haltung lobt er die

»Einleitend ist zu sagen, daß uns nichts so widersinnig erscheint als jener Gedanke des Fortschrittes und der daraus folgende der Überlegenheit der modernen Zivilisation, der sich selbst seine ›wissenschaftlichen‹ Alibis geschaffen hat, indem er die Geschichte fälschte, zerstörende Mythen in die Gehirne pflanzte und sich in jener unwürdigen plebejischen Ideologie, aus der er letztlich entstanden ist, als Herrscher aufspielt. Man muß schon tief gesunken sein, um zur Vergötterung dieser *Kadaverweisheit* zu gelangen: Denn nicht anders können wir diese Weisheit nennen, die im modernen Menschen, der der *letzte* Mensch ist, nicht den alten Mann sieht, den Hinfälligen, den Zerstörten, den Untergangsmenschen, sondern in ihm den Überwinder, den Rechtfertiger, den wahrhaft Lebendigen feiert.«

Julius Evola, Großvater des Apocalyptic Folk, in *Revolte gegen die moderne Welt*

»wertvolle, fernab aktueller und schnellebiger Trends authentisch mit überwiegend akustischen Instrumenten inszenierte Musik« und geht fürderhin erst gar nicht auf den politischen Kontext ein, sondern schmettert ihn ausgerechnet mit dem Verweis auf Demokratie ab, jene Staatsform, deren Abschaffung die Neue Rechte massiv propagiert. »Es geht gar nicht darum«, schreibt er, »ihre politischen Ansichten, die sie in ihre Musik einfließen lassen, zu verteidigen oder sogar gutzuheißen. Sie sind mit Sicherheit ebenso anfecht- und kritisierbar wie jede andere Meinung auch. Schließlich leben wir in einer Demokratie, die sich die westlich zivilisierten Nationen auf den Banner geschrieben haben.«
Wenn jemand wie Michael Moynihan von BLOOD AXIS in Interviews den Holocaust rechtfertigt, indem er nicht nur verkündet, »daß die Zahl 6 Millionen nur zufällig und ungenau und wahrscheinlich eine große Übertreibung ist«, sondern sogar als sein »Hauptproblem bezüglich der Revisionisten« bezeichnet, »daß sie von der Annahme ausgehen, das Töten Millionen unschuldiger Menschen sei als solches ›böse‹« (in *No Longer A Fanzine*, zit. nach *Der rechte Rand* Nr. 55, 1998), dann ist dies nicht »ebenso anfecht- und kritisierbar wie jede andere Meinung« (Hoffmann), sondern eine verfassungsfeindliche Äußerung. Von Dirk Hoffmann als Personen verklärt, »die ihre persönliche Erfüllung weniger am Erwerb kostbarer Konsumgüter festmachen, sondern die Antwort auf die eigene Daseinsberechtigung in philosophischen Diskursen, religiösen Anschauungen, mythologischen Archetypen (...) zu finden bemüht sind«, verschweigt er, daß sich die »philosophischen Diskurse« des Apocalyptic Folk auf einen Singular reduzieren lassen, nämlich auf den antimodernistischen, protofaschistischen Diskurs von Namen wie Oswald Spengler und Julius Evola.

»Wir müssen versuchen, den Anschluß an die heutige Jugendkultur zu finden. Wenn es uns nicht gelingen sollte, uns von einem verkrampften Konservatismus loszusagen, der alles, was mit Jugendkultur zu tun hat, von Rock'n'Roll bis Jeans, als ›des duivels‹ (des Teufels) betrachtet, befürchte ich, daß wir jede Sympathie verlieren werden.«

Filip Dewinter, Fraktionsvorsitzender des rechten belgischen Vlaams Blok, im Gespräch mit der *Jungen Freiheit* 35/95

DEATH IN JUNE

Der neurechte Kontext findet sich in wenigen Fällen so offen, vielfältig und zugleich (sofern diese Bezeichnung für den Bereich der Esoterik überhaupt zulässig ist) fundiert verarbeitet wie bei

Douglas Pearce über all jene, die sein HOS-Engagement (unter anderem eine Benefiz-CD, *Something Is Coming*, in den Farben der kroatischen Nationalfahne gestaltet, deren Erlös einem von der HOS unterhaltenen Kriegslazarett zukam) kritisierten, wiederum beinahe ganz im Scharping-Jargon: »Ich denke, daß diese Leute wirklich Lakaien der mordenden Chetnik-Serben sind. Sie unterstützen genau die Leute, die den schlimmsten Völkermord in Europa seit dem zweiten Weltkrieg angerichtet haben. Sie sind Lügner und Heuchler höchsten Ranges. (...) An den Fingern dieses lügenden Gesindels klebt in Wahrheit das Blut Unschuldiger. Ich spucke auf diese Leute, ich lache sie aus und ich durchschaue sie genau. (...) Mir ist völlig unverständlich, wie diese geschmacklosen, geistlosen und betrügerischen Individuen überhaupt leben.«

Douglas Pearce, im Interview mit Stephan Pockrandt

DEATH IN JUNE: Douglas Pearce, einzig verbliebener DIJ-Rest, ist ein genauer Kenner und Verehrer der Nazi-Mythologie – eine seiner Kultstätten ist die Wewelsburg bei Paderborn, die Himmler zur SS-Ordensburg hatte ausbauen lassen und in deren »Obergruppenführersaal« sich das Symbol der Schwarzen Sonne als Bodenmosaik befindet. Pearce schwärmte in einem Interview, dieser Ort habe ihn »schon in die verschiedensten Ebenen befördert«. »Für mich«, erklärte er, »ist dieser Ort ein Platz göttlicher Erscheinung. Dieser Ort verstörte mich zutiefst und erleuchtete mich ebenso. Ich bin froh darüber, daß sie nun die Leute, die diesen Raum betreten, überprüfen. Es ist schließlich kein Platz für jedermann.«

Was wohl heißen soll: Kein Platz für Antifaschisten, die sich vor diesen von KZ-Zwangsarbeitern erbauten Hallen voller Ekel abwenden und dort keineswegs Erleuchtungen empfangen. Diese Seite kennt Douglas Pearce nämlich sehr wohl und verachtet sie mitsamt dem Idealismus der »Gutmenschen« (wie Pearce und die Neue Rechte alle Linken bezeichnen) als Teil der eigenen Vergangenheit. Douglas Pearce, Tony Wakeford und Patrick Leagas hatten DEATH IN JUNE aus den Resten von CRISIS, einer linken Punkband, gegründet. Von »ultralinker Politik«, erklärte Pearce 1991, seien sie damals »völlig ernüchtert« worden. »So war es in vielerlei Hinsicht nur natürlich, sich für die andere Seite zu interessieren.« Der Umstieg auf Tarnuniformen aus dem Repertoire von SS und Wehrmacht folgte, der SS-Totenkopf wurde als Bandemblem auserkoren. Aus dem rechten Bildervorrat, den dicht zusammengedrängten Männerkörpern und ihrem Schwur auf »Kameradschaft« (so auch der Titel eines DEATH IN JUNE-Songs), bastelte sich Pearce seine ganz eigene homosexuelle Traumwelt zusammen, garniert mit einem verklärten SA-Führer Ernst Röhm, von dem Pearce behauptet, daß »der Verlauf der Geschichte und die Entwicklung der Humanität« ganz andere Bahnen genommen hätten, hätte die SS Röhm nicht 1934 gestürzt. Wie zynisch und fern aller historischen Fakten es ist, im Zusammenhang mit Schlägertrupps wie der SA und der SS von »Humanität« zu sprechen, muß hier wohl kaum noch betont werden. Es entspricht dem Geschichtsrevisionismus der Neuen Rechten,

Täter zu Opfern zu stilisieren, um schließlich die Nazi-Morde selbst relativieren zu können.
Das Spiel, die Täter- und Opfer-Seiten so zu spiegeln, daß am Ende die Nazis selbst – vor allem aus heutiger Sicht, im Sinne eines Tabus – zu Opfern der Geschichte erklärt werden, ist eine Spezialität in den Liedern von DEATH IN JUNE. Vom Uniformfetischismus obsessiv angetrieben, ist Douglas Pearce sogar so weit gegangen, sein Engagement für die neofaschistische, kroatische Kampftruppe HOS mit Argumenten wie jenem zu verteidigen, »daß das Hauptquartier der Kroatischen Verteidigungskräfte in Zagreb im alten *Lickum*-Club aufgeschlagen wurde, der vor dem Krieg einer der größten Schwulenclubs der Stadt war«. Völlig verrannt in faschistischen Gespinsten, die Walter Benjamin so treffend als »Ästhetisierung der Politik« bezeichnet hatte, gibt Pearce seine Eindrücke nach dem Besuch bei der HOS wieder: »Als ich mich dann in dieses Hauptquartier begab, stellte ich fest, daß diese Leute auf äußerst surrealistisch elegante Weise charmant sind. All diese Männer umgab eine extrem disziplinierte Atmosphäre, die Frauen waren alle blond und in Leder gekleidet, Freiwillige standen Schlange und das Weinen der Frauen, die auf Nachrichten ihrer vermißten Männer warteten, erfüllte die Räume.« Erschreckend genug, daß dieser sentimental aufgeladene Duktus fast wörtlich auch aus Rudolf Scharpings Kriegstagebuch stammen könnte, wiederum mit Benjamin korrespondierend: »Alle Bemühungen um die Ästhetisierung der Politik konvergieren in einem Punkt. Dieser eine Punkt ist der Krieg.«

Im Oi!-Kapitel wurde die latent homosexuelle Atmosphäre dieser Szene angesprochen, gegen deren Ausbruch sich die Beteiligten durch Zwangsheterosexualität und einen überzogen kleinbürgerlichen, konservativen Wertekanon zu panzern versuchen. Bei »Freigeist« Pearce dagegen war es nicht zuletzt die offen eingestandene Homosexualität, die seine Faszination für rechte Ästhetik in Form einer gleich doppelten Stigmatisierung nach sich zog: Der stigmatisiert Schwule identifiziert sich mit dem Tabu Nationalsozialismus – und dies nicht ohne Verweis auf Jean Genets »Totenfest«, in dem eine äußerst prekäre Stelle von den Phanta-

»Sexualität hat sicherlich absolut gar nicht damit zu tun, daß man im Trend liegen will; das ist einfach nur naturbedingt. Zum Beispiel habe ich Helmut K. sexuell immer äußerst attraktiv gefunden. Dieser dicke, fette Hintern könnte meinetwegen jeden Tag auf meinem Gesicht sitzen.«

Douglas Pearce, im Interview mit Stephan Pockrandt

»Revisionismus mal anders: (jüdische?) Bänker und Bosse als »wahre SS«. Textausschnitt aus einem Song von Josef Maria Klumbs ehemaliger ›Punk‹band:

»Under the mask under
the mask
under the mask the same
old face
Businessman Businessman
are the real master-race
open your purse n close
your eyes
for a third Reich in disguise
The real SS are bankers
n bosses
stockbrokers managers
n those like these.«

CIRCLE OF SIG-TIU: »Third Reich in Disguise«, auf *Signals on Tiusday*-EP, 1986.

sien des Erzählers handelt, mit Hitler zu ficken. Es wäre allerdings zu billig, Pearce als einen harmlosen Spieler mit tabuisierten Gedankenwelten zu entschuldigen, der alleine deshalb kein ›richtiger‹ Nazi sein kann, weil Homosexuelle unter den Nazis in den Konzentrationslagern hingerichtet wurden. Auch Homosexualität ist bei Pearce morbide konnotiert, fügt sich seinen Untergangsvisionen und wird von ihm keineswegs als Form des emanzipatorisch Minoritären betrachtet. In diesem heroischen, vom Pathos einer »Umwertung aller Werte« (Nietzsche) beflügelten Weltbild findet sich das Schwulsein allenfalls märtyrerhaft verklärt: es bleibt den ›Sehern‹ und Untergehern der weißen ›Rasse‹ vorbehalten, ist als Stigma Auszeichnung und Symbol des Niedergangs zugleich (das Thomas-Mann-Motiv aus *Der Tod in Venedig*). Der Homosexuelle kann in diesem Weltbild keine Solidarität zu anderen Minderheiten entwickeln, da ihm die eigene Sexualität fatalistisch als ›Sein zum Tode‹ gegeben ist: Ironischerweise liest sich das Schwulenbild des Apokalyptikers Pearce (mit seiner Vorliebe für alte Männer) damit tendenziell eher schwulenfeindlich, nämlich autodestruktiv. Damit unterscheidet es sich in nichts von der gigantischen autodestruktiven Energie der Nazis, ihrer Lust, die männliche Jugend in den Krieg ziehen zu lassen und sich an deren »Opfer für Deutschland« zu berauschen.

In Pearce und DEATH IN JUNE nur ein randständiges Kuriosum zu sehen, hieße, dessen enorme Bedeutung für die Neue Rechte zu verkennen. Es hieße auch, zu verkennen, daß Pearce selbst gewisse kauzige Statements wie seinen Wunsch nach Sex mit »Helmut K.« vor allem als Taktik einfließen läßt, um das verhärmte Weltbild ein wenig aufzulockern und damit die Furcht vor dessen Konsequenzen zu nehmen.

Es wäre zwar übertrieben, zu behaupten, daß die Neue Rechte in Ermangelung zeitgemäßer ästhetischer Umsetzung ihrer Ideologie auf alles angewiesen ist, was auch nur eine Gitarre in der Hand halten kann; und doch kommt ihr DEATH IN JUNE wie gerufen. In diesem Spektrum hat es bislang noch niemand so wie Pearce verstanden, rechte Gesinnung musikalisch vergleichsweise eigenständig und keineswegs übertrieben martialisch zu verpacken – eine Fähigkeit, die lange Zeit mit sich brachte, daß DEATH IN JUNE auch außerhalb der Neuen Rechten gehört wurde. Inzwischen dürfte es aber auch für Pearce schwierig geworden sein, Außenstehende mit seinen akustisch-wehmütigen Balladen zu ködern. Die massive Aufklärungsarbeit außerhalb und kurz darauf auch innerhalb der Gothic-Szene hat dafür gesorgt, daß DEATH IN JUNE-Konzerte in Deutschland fast nur noch semikonspirativ organisiert werden können. Sie finden ohne öffentliche Ankündigung und Werbung meist an schwer zugänglichen Orten oder im privaten Rahmen statt. Wer solche Konzerte mit entsprechender Kluft (in Einladungen wird meist um »Abendgarderobe« gebeten, was so viel heißt wie Militäruniform) besucht, darf sich zu den Eingeweihten zählen, gehört also bereits der Neuen Rechten an.

Festung Europa, Zentrum Berlin. Eine Allianz zwischen Gothic, Neuer Rechter und Love Parade.

Es hat lange gedauert, bis die einmal gerufenen Geister in genau jene konspirativen Zirkel zurückgedrängt wurden, die ihrer weltverschwörerischen Märtyrerhaltung nur entgegenkommen. Als die Gruppe »Grufties gegen Rechts« mit dem Satz »Wir wollen das Schweigen brechen!« in einem ausführlichen Pressetext auf die Verflechtungen von Darkwave-Szene und rechter Ideologie einging, war die Last des dort aufgeführten – und noch lange nicht vollständigen – Materials derart erdrückend, daß man sich fragt, wie es einer ganzen Szene möglich war, die Augen über Jahre hinweg so beharrlich zu schließen. Der »Grufties gegen Rechts«-Text erwähnt unter anderem das 1993 in Dresden gegründete und inzwischen eingestellte *Sigill*-Fanzine (Untertitel: »Magazin für die konservative Kulturavantgarde Europas«), in dem sich neben Features der einschlägigen rechten Bands (ALLERSEELEN, RADIO WEREWOLF, BLOOD AXIS, AIN SOPH u.v.m.) auch schwärmerische Artikel zu Leni Riefenstahl, Ernst Jünger und Julius Evola finden ließen. Der Mitherausgeber

»Zusätzlich zu den teils sehr guten Interviews und Band-Portraits (...) beschäftigen sich *Sigill*-Mitarbeiter mit Literatur und Künstlern. Thematisch bilden Esoterik, Magie, germanisches Heidentum, Okkultismus und Avantgarde den groben orientierungsrahmen. So standen in den vorherigen Ausgaben Schwarzkogler-Porträt neben Evola-Buchrezension, Freya Aswynns ›Blätter von Yggdrasil‹ neben Jünger-Zitaten.«

Gunnar Raspe: »Die schwarze Avantgarde«, in *Junge Freiheit* Nr. 11/96

»Aber wenn wir uns auf ›Karl den Großen‹ beziehen, dann wollen wir nicht etwa seinen rigorosen Kampf gegen das Heidentum glorifizieren. Er ist der Reichsgründer, und das REICH geht vor alles, das REICH hat RECHT!«

Josef Klumb, im Interview mit *Der Ruf nach Freiheit*

Lektorat ade. Der Schwarzkopf & Schwarzkopf-Verlag, erste Adresse für DDR-Nostalgie, aber auch für schnell und schludrig zusammengestellte Pop-Lexika, räumt Klumb als erster Verlag, der nicht dem rechten Spektrum angehört, zehn Seiten Raum für eine Selbstdarstellung ein. Darin werden nicht nur die Slowenen Laibach Deutschland eingemeindet, sondern ihre absolut seelenlose, alle Authentizität vermeidende Musik wird auch noch als »authentisch beseelt« bezeichnet:

»Und nun? Caspar David Friedrich noch immer an den Wänden, seine Romantik noch immer im Blut, erschüttern RAMMSTEIN die Wände und das Unterbewußtsein der Sozialwissenschaftler. Nach RAMMSTEIN WITT und, mit steigender Flut WEISSGLUT, RICHTHOFEN. LAIBACH kommen wieder zu Ehren. Romantik, Archaik, faustisch, unschuldig-aufrecht, authentisch beseelt – Industrial meets Gothic und das schlägt Funken: Alarm, die Deutschen kommen!«

Josef Maria Klumb: »Kainsmal«, in *Gothic! Die Szene in Deutschland aus der Sicht ihrer Macher*, 2000

Stephan Pockrandt hält diesbezüglich noch immer eindeutiges Fan-Material auf seiner Homepage *www.stephan-pockrandt.de* abrufbereit. »Beim Internationalen Wave-Gothic-Treffen 1997 in Leipzig«, beklagt der »Grufties gegen Rechts«-Text, konnte *Sigill* »ohne größere Proteste einen Infostand abhalten, hinter dem sich in khakifarbenen Hemden bekleidete ›Jungnazis‹ postiert hatten«.

Doch nicht nur die Darkwave-Szene toleriert solche Auswüchse zum Teil bis heute in ihren eigenen Reihen – selbst an einem Ort, den man eigentlich für das Sammelbecken kritischer Intellektueller halten sollte, nämlich der Frankfurter Buchmesse, konnten die poppigen Jungnazis ihre Schriften 1997 vier Tage lang, also während der gesamten Messezeit, ungestört anbieten. Josef Maria Klumb alias Jay Kay, ehemaliger Sänger der nur kurzen *Sony*-Hoffnung WEISSGLUT, saß dort seinerzeit zusammen mit zwei jungen, gruftig ganz in Schwarz gekleideten und szenetypisch unterernährt wirkenden Frauen hinterm Stand des Werner-Symanek-Verlages, verteilte dessen Prospekt *Aus Liebe zu Deutschland* und informierte Interessierte eloquent über den Inhalt der dort veröffentlichten Bücher.

Klumbs Mitarbeit beim Symanek-Verlag sollte ihm einige Jahre später zum Verhängnis werden. Als *Sony Music* immer mehr unter öffentlichen Druck geriet, eine Band unter Vertrag genommen zu haben, deren Sänger tief in der Neuen Rechten verstrickt ist, rechtfertigte sich Klumb, er habe aus reiner Geldnot bei Symanek gearbeitet, sich aber nicht mit den Inhalten der dort verlegten Bücher beschäftigt. Diese Äußerung wird spätestens im Rückblick auf seine Rolle als Verlagspromoter auf der Buchmesse 1997 zum Hohn.

Der Ausflug ins Major-Terrain und der Versuch, mit WEISSGLUT jene ›sanfte‹ Schiene zu fahren, die rechte Haltung nicht offen ausspricht, sondern deren Akzeptanz erst einmal über ein entsprechend martialisches Auftreten vorbereitet, war – an Klumbs tausendjähriger Zeitrechnung gemessen – von nur kurzer Dauer. Nach außen hin Entsetzen mimend, erklärte die Band, deren Mitglieder Klumb zum Teil schon seit seiner frühen Jugend kennen, ihren Sänger schon nach einem Jahr für untragbar. Klumb wiederum nutzte dies als einen weiteren Schritt auf seinem fortwährenden Weg heroischer Stigmatisierung (»Ich hätte Rockstar sein können, aber ich bin keine Hure«) hin zur rechten Vereindeutigung. Seitdem widmet er sich wieder der 1995 gegründeten Band VON THRONSTAHL, deren Musik auf allen einschlägigen rechten Tribute-Alben verteten ist (*Riefenstahl*, 1996 als Doppel-CD im Symanek-Verlag erschienen; dort folgten *Calvacare La Tigre (Julius Evola Tribut)* und *Thorak*, eine Tribut-CD an Josef Thorak, dem neben Arno Breker wohl bekanntesten Nazi-Künstler).

Im Schatten einer längst an den Rand gedrängten und damit auch kaum mehr öffentlicher Kritik ausgesetzten Independent-Szene ist Klumbs Ton schärfer und deutlicher denn je geworden. Ganz im Sinne einer Elite, die mit dem rechten »Pöbel« nichts zu tun haben will (ihn am Ende aber bräuchte, so wie die Nazis sowohl auf Albert Speer und Leni Riefenstahl wie auch auf die Schläger-SS angewiesen waren), äußert sich Klumb im (hier in vorgefundener Groß- und Kleinschreibung wiedergegebenen) Interview mit *Der Ruf nach Freiheit*: »Natürlich ist unsere Ästhetik NS-like, wenn man es so sehen möchte. Die Fotosession am Nürnberger Reichsparteitagsgelände«, wo die Bandphotos zu VON THRONSTAHL entstanden, »ist eine Hommage an derlei faschistische Ästhetik. Über den Chic von schwarzen Uniformen muß ich doch kein Wort mehr verlieren, da haben doch auch die ROLLING STONES, David Bowie und andere Bewohner des Olymp schon öfter mal drauf hingewiesen. NS-Esoterik; ja, mir persönlich gefällt das ein oder andere. (…) In einem ›Nationalen Sozialismus‹ im ursprünglichen Sinne sehe ich weniger Gefahren als in dem, was einige im Grunde Unpolitische und stark Alkoholisierte im allgemeinen heute unter NS zu verstehen glauben. Asozialität hat im Grunde wenig gemein mit einem Nationalen Sozialismus. Ich kann mit keinem dumpfen NS-Wotanismus der misanthropischen Art etwas anfangen. Ich bin nach wie vor der Meinung, daß sowohl einige faschistische Vordenker, Philosophen und auch deren frühe Vertreter sowie Protagonisten und Gallionsfiguren im Europa der 30er und 40er Jahre keinen Gefallen an ihrer jugendlichen Gefolgschaft des hier und heute hätten. (…)

»›Jay Kay‹ selbst erklärt in einem Interview mit der ›Jungen Freiheit‹ Gothic anmaßenderweise zu einer gewissermaßen ›deutschen Musik‹ (…) und verkündet im Februar 1996 an gleicher Stelle: ›Ich glaube an die Lichtgestalt dieser geschändeten Nation‹.«

Aus dem Info *Grufties gegen Rechts*

Ein Vereintes Europa der Kulturen im Sinne eines REICHs wäre uns offen gesagt genehmer als das vereinte Europa der Konzerne mit dem Verlust nationaler Eigenarten etc. Der REICHSGEDANKEN steht für uns über Allem. Unser GEHEIMES EUROPA wird schon im Kontakt untereinander (Neofolk-Musikszene etc.) realer, echter und tiefgründiger als dieses staatlich verordnete Oberflächeneuropa es je sein wird. Vereintes Ballermann 6-Europa? Dagegen setze ich dann gerne die FESTUNG EUROPA meinetwegen, mit einem Atlantikwall in Richtung Westen, der es in sich hat. Dieses EUROPA im Sinne eines REICHES, das wäre die HERRLICHKEIT auf Erden.«

»Mittlerweile schmeißen sich Nazi-Blätter wie *Einheit & Kampf* oder *Europakreuz* selbst an Bands mit hohem Reflexionsniveau wie LAIBACH heran. Auch ROXY MUSIC ist nicht vor dem rechten Kulturkampf sicher – das Cover ihrer Platte ›Flesh & Blood‹ mit den blonden speerwerfenden Frauen ziert einen Abo-Coupon der *Deutschen Stimme*.«

Daniel Pagórek & DJ Kersten: »Gelobt sei, wer affirmiert«, in *Jungle World*, 21.6.2000

Das ausführliche Zitat zeigt, daß es gar nicht mehr nötig ist, Klumb die rechte Gesinnung mühselig nachweisen oder gar »andichten« zu müssen, wie Klumb es dem Sozialwissenschaftler Alfred Schobert unterstellte – es genügt, seine eigenen Sätze wiederzugeben, am besten ohne große Kürzungen, um dem beliebten Vorwurf, ›aus dem Zusammenhang‹ heraus zitiert zu haben, erst gar keine Chance zu geben.

Die langen Ausführungen über DEATH IN JUNE und VON THRONSTAHL haben, zugegeben, auf den ersten Blick nicht mehr sehr viel mit der Neuen Mitte zu tun, die diesem Buch den Titel gab. Diese selbsternannte geheimbündlerische Elite, die so ›geheim‹ operiert, daß sich von Klumb und Konsorten fast mehr Interviews im Internet als von Madonna finden lassen, will mit der gesellschaftlichen Mitte nichts zu tun haben, so nahe sich beide in manchen Bereichen (etwa der »Leitkultur«-Debatte) auch sind. Es gibt aber sehr wohl etwas, was dieser rechte Rand mit den Parteien der Mitte gemeinsam hat: Auch er buhlt um die Gunst der Jugend, möchte Pop sein und die Interessen der heute Zwanzigjährigen repräsentieren oder doch zumindest vorgeben, in ihrem Interesse zu sprechen.

»In Berlin ist seit Jahrzehnten um die deutsche Politik mit Blut gekämpft worden. Die Reichshauptstadt ist nun einmal das Zentrum des Landes; von hier aus gehen die Bewußtseinsströme ins ganze Volk hinein.
Berlin ist den Deutschen zurückzugewinnen. Das ist in der Tat eine historische Aufgabe und des Schweißes der Besten wert.«

Joseph Goebbels, im Rahmen der Hauptstadt-Debatte auf dem Cover der Satirezeitschrift *Titanic* zitiert, lange bevor die *Love Parade* mit ähnlichen Worten kommentiert und um Berlin als »Popstandort Deutschland« (*Tagesspiegel*) gekämpft wurde.

In *Aus Liebe zu Deutschland*, erwähntem Verlagsprospekt von Werner Symanek, werden Bücher wie die zweibändige Laudatio *Dr. G. – Meister der Propaganda* beworben, geschrieben von Wilfried von Oven, dem in Argentinien lebenden, ehemaligen Pressechef Goebbels' oder *Unter falscher Flagge*, ein Buch des ominösen »VAWS-Pressebüro West« (»VAWS« ist ein Kürzel für den

Symanek-Verlag), in dem unter anderem behauptet wird, daß zahlreiche Neonazi-Anschläge von der Stasi und dem Verfassungsschutz (O-Ton) »getürkt« worden seien, um im Ausland ein negatives Bild von Deutschland zu wahren. Neben solch kruden Veröffentlichungen hat der Verlag allerdings auch bewußt apolitische Techno-Sampler (übelster Qualität) wie *Massive House Traxx* und *Kicking House Tunes* im Angebot, die so gar nicht zu Klumbs Ballermann-Aversion passen wollen. Das fast ganz in Rosa gehaltene Cover des Verlagsprogramms zeigt daher auch kein Riefenstahl-, Breker- oder Thorak-Motiv, sondern eine Masse von Ravern während der »Love Parade« unter der Siegessäule. In der mit »Lieber Leser« überschriebenen Einleitung heißt es hierzu: »Love Parade 1997. Raver aus allen Teilen der Nation finden sich zur alljährlichen Party in Berlin ein. Freudenstimmung, Kreativität und Gemeinschaft prägen das Straßenbild. Viele erinnern sich an die Anfeindungen im Vorfeld. Die Müslifraktion mußte sprachlos mit ansehen, wie ihre jahrzehntelangen Bemühungen um die Thematik der Müllvermeidung den Bach heruntergehen. Linksradikale Punker wollten ihre Chaostage nach Berlin verlegen, um dieses bunte Treiben zu stören.«

Nach dieser Einleitung, in der sich »Das VAWS-Team« der eigenen Logik entsprechend entschieden für den Müll ausspricht, folgt eine lange Passage gegen »die herrschenden Kreise in der Bundesrepublik« und gegen die »doktrinäre Linke, die sich noch heute an Stalins oder Rosa Luxenburgs Unterwäsche erfreut« – wobei diese, um auf demselben Niveau zu kontern, zumindest weniger braun ist als die von Goebbels, Göring und Riefenstahl –, um sich am Ende für die »Love Parade« als national motivierter Veranstaltung auszusprechen: »Wir fühlen uns besonders solidarisch mit dieser Jugend, denn sie ist das Fundament dieser Nation. Und wenn diese Jugendlichen für ihre Party Berlin auserkoren haben, wenn die Aufnahmen von den Menschenmassen vor der Siegessäule in ganz Europa ausgestrahlt werden, dann wäre es die verdammte Pflicht, daß diesen Jugendlichen auch der Wunsch erfüllt wird, ihre Parade ›Unter den Linden‹ und durch das Brandenburger Tor führen zu dürfen. Ich weiß nicht« – schreibt »Das VAWS-Team« plötzlich in Ich-Form –, »ob bisher

»Auch bei aller Überholtheit dieser gesäßgeografischen Begriffe eignet sich das ›rechte Etikett‹ doch herrlich zur Unterscheidung von denen, die sich im Sinne Orwell'scher Verkehrtheit als die ›Gutmenschen‹ verstehen. Ich persönlich habe keine Probleme mehr damit, mich als ›rechtsradikal‹ titulieren zu lassen. Ich strahle selbst als solcher heller als jene Paranoiden, die mir im Glauben an ihr eigenes Gut-und-besser-Sein mein Prädikat verpaßten.«

Josef Maria Klumb, im Interview mit *Der Ruf nach Freiheit*

»Mitte der siebziger Jahre wurde der bekannte US-amerikanische Musikjournalist Lester Bangs gefragt: ›Where is rock going?‹ (...), und der Gefragte antwortete wie aus der Pistole geschossen: ›It's been taken over by the Germans and the machines.‹
Die Deutschen und die Maschinen galten 1975 als die Zukunft der Rockmusik, und der Kritiker attestierte dies nicht ohne Sarkasmus. Es war der Sieg dessen, was als ›Krautrock‹ und ›Teutonentum‹ noch verhöhnt wurde. Es war – so Bangs – der Sieg des blutlosen, eisernen Willens und des vielversprechenden Aufbruchs des Maschinenzeitalters in der Musik. Ein Sieg, der nach Bangs' Meinung schon mit der germanischen Erfindung der Amphetamine begonnen hatte. Diese wurden einst als Aufputschmittel für Bomberpiloten entwickelt und sollten deren psychische Apparate beschleunigen."

Ulf Poschardt: »Stripped. Pop und Affirmation bei Kraftwerk, Laibach und Rammstein«, in *Jungle World*, 12.5.99

irgendjemand danach gefragt hat, warum diese Veranstaltung ausgerechnet dort stattfinden soll. Uns stimmt dieser Wunsch vieler hunderttausend Jugendliche« (fuck for Grammatik) »jedoch sehr fröhlich.«

Hier trifft sich die Rechte wiederum mit den Parteien der Mitte und mit einem Staat, der zwar Millionen Raver in Berlins Mitte unterstützt, aber gegen ein paar hundert Punks in Hannover mit Hundertschaften scharf bewaffneter Polizei vorgeht – und dies, obwohl der Müll in Berlin, dessen Kosten bis zur Veranstaltung 2001 nicht einmal die Veranstalter selbst tragen mußten, die Kosten für alle nur denkbaren eingeschlagenen Fensterscheiben, in Supermärkten geklauten Bierdosen und abgebrochenen Mercedessterne in Hannover bei weitem übersteigt. Sowohl »Das VAWS-Team« wie auch die *Junge Freiheit* haben deshalb in der »Love Parade« nicht ohne Grund ein Bekenntnis zur nationalen Sache gesehen, die 1998 mit dem Zug durch das Brandenburger Tor ihren symbolpolitisch perfiden Höhepunkt erreicht hatte, der sich auch nicht mehr durch mangelnde Geschichtskenntnis der daran Beteiligten entschuldigen ließ. Getreu der Äußerung von DJ WESTBAM, Techno sei »der Soundtrack zum Mauerfall«, fand die »Love Parade« bei der Rechten aus ähnlichen Gründen Anklang wie bei den Vertretern der Volksparteien: Die Bilder der fröhlichen Raver vermittelten ein neues, selbstbewußtes und scheinbar ungefährlich apolitisches Bild von Großdeutschland mit Zentrum Berlin und von dessen Jugend, das wie kein anderes von brandmordenden Neonazis hat ablenken können. Sowohl die Neue Mitte wie auch die Neue Rechte konnte auf diese Jugend problemlos ihre Hoffnungen projizieren, denn diese Jugend hatte keinerlei Vorkehrungen getroffen, sich gegen falsche Vereinnahmungen zu schützen. Es ist sogar zu befürchten, daß ihr Vereinnahmungen aller Art nur gelegen kamen, denn dort, wo es gar keine Inhalte mehr gibt, zählt nur noch Publicity.

Rebel In Society.
Symbolische Politik von Punk bis zur Neuen Deutschen Härte

Zwischen Apokalypse und Neubeginn. Annäherungen an Punk (zweiter Teil)

»We're living in the Ice-Age.«
(JOY DIVISION)

Kaum eine Bewegung hat Krieg und Gewalt dermaßen zum Thema gemacht wie Punk und später dann nahtlos Hardcore. Von den Bandnamen bis in die Songtitel hinein ist die Gewalt allem eingeschrieben, eine Gewalt, die zugleich auch die eigene Verwundbarkeit zur Schau stellt (Löcher in den Hosen und Piercings sprechen davon, daß sich der Körper gerade mitten in einer Schlacht befindet, zerrissen und durchlöchert wird) und also zeigt, daß der Krieg allgegenwärtig ist, niemals nur die Abstraktion eines fern gelegenen Schlachtfeldes. Das hat Punk immer von Heavy Metal unterschieden. Mag sein, daß Metal noch häufiger Krieg und Gewalt zum Thema gemacht hat (hier sind die Statistiker gefragt), aber Krieg bleibt dort abstrakt, er bleibt eine Geschichte, Teil einer Erzählung, in der sich die Akteure selbst als unverwundbar wähnen. Heavy Metal verlagert den Krieg aus dem Alltag heraus in einen metaphysischen Raum, auf ein Schlachtfeld von Gut und Böse (deshalb auch die Metal-Affinität zu Fantasy), das allenfalls metaphorisch auf die Realität übertragen werden kann (und gottverdammt religiös ist, gerade je stärker mit Satan als Weltenherrscher geliebäugelt wird) – Punk und Hardcore hingegen wollten zeigen, daß der Krieg zum Alltag gehört, daß sich sein Schauplatz nicht auf bestimmte Schlachtfelder reduzieren läßt, sondern daß er in all unsere Handlungen eingeschrieben ist, daß bereits unser eigener Körper ein Kriegsschauplatz ist. Nichts anderes veranlaßte die einen, ihren Körper schrittweise zu zerstören (eine Art Protest, der ähnliches verkündet wie der Akt, sich öffentlich zu verbrennen, höre zum Beispiel »there's Kerosene around ... set me on fire!«, BIG BLACK, und »Ich zünd mich an« von HANS-A-PLAST) und veranlaßte die anderen wiederum, sich vegan zu ernähren, weil der Grad von Zivilisiertheit, wie Jacques Derrida einmal gesagt hat, bei der Ernährung beginnt. Jede Entscheidung im Punk, die Selbstzerstörung ebenso wie der Kampf gegen Jäger und Schlachthöfe, basiert auf der Empfindung, sich in einem permanenten Krieg zu befinden.

»No weak men in the books at home
The strong men who have made the world
History lives on in the books at home

It's not made by great men

The past lives on in your front room
The poor still weak the rich always rule
History lives on in the books at home

The past lives on in the books at home
No weak men in the books at home
History lives on in the books at home.«

GANG OF FOUR: »Not Great Men«, auf *Entertainment*, 1979

Es hat im Punk so viele Wege wie Gründe gegeben, den Krieg zu thematisieren. Gruppen wie CRASS haben ganze Rockopern über Falkland geschrieben (aber auch mit *Penis Envy* über einen ganz anderen, permanenten Krieg – das Patriarchat und seine Unterdrückung der Frau), manche MINUTEMEN-Platten kennen ihrerseits kein anderes Thema als die andauernden, weltherrschaftlich einschüchternden Kriege der USA (zum Beispiel *3 Way Tie (For Last)*), in anderen Fällen wird Krieg zur Metapher, um den Feind im eigenen Land zu benennen (zum Beispiel *Stukas Over Disneyland*, THE DICKIES), oder er wird zum absurden Alien-Splatter-Szenario im Stil von GWAR, dort bereits an der Schnittstelle zu Heavy Metal angekommen, da sich Krieg bei GWAR leicht als Story lesen läßt, die mit unserem Alltag nichts mehr zu tun hat.

Und dann, was auch nicht verschwiegen werden darf: der Krieg als bloßes Mittel zur Selbststilisierung, als männliche Ästhetik von Härte und Immunität, ohne dabei eine Vorstellung vom gesellschaftlich anderen zu entwickeln – in Deutschland geballt Anfang der Achtziger rund ums *Rock-O-Rama*-Label aufgetreten. Im *Sounds*-Artikel »Hardcore '82« von Alf Burchardt las sich das allerdings noch ganz anders, aus heutiger Sicht grenzenlos naiv: »1980 folgte die LP *Heimatfront* der Leverkusener Band Oberste Heeresleitung. Der Gruppenname und der Soldat auf dem Cover galten vielerorts als Beweis für die politische Rechtsorientierung der Musiker beziehungsweise des ganzen Labels, auch wenn die Texte dafür keinen Anhaltspunkt liefern. Herbert« (gemeint ist

Labelchef Egoldt, Anm. d. V.) »sieht die Kampagne gegen OHL als Hexenjagd: ›Das OHL-Cover ist gründlich mißverstanden worden. Die Gruppe hat viel Zeit investiert, um das Bild eines Soldaten zu finden, dessen Gesicht das Elend des Krieges widerspiegelt. Es ist auch unsinnig, einen aus dem Kaiserreich stammenden Begriff wie OHL mit neonazistischem Gedankengut zu kombinieren. Wenn die Band auf dem Sampler singt *Wir brauchen eine Mauer, die uns vor dem Osten schützt*, dann ist das ironisch gemeint, bloß wollen viele Leute das nicht sehen.‹« Zum erneuten Soldatenmotiv auf dem *Rock-O-Rama*-Sampler *Die Deutschen kommen*, heißt es schließlich aus dem Mund von Egoldt: »Ich habe das Bild den beteiligten Bands gezeigt, und die waren spontan begeistert. Nicht weil sie Nazis sind, sondern weil für sie der Soldat als Symbol für die Aggressivität der Musik steht.« (*Sounds* 10/82)

Während Egoldt mit seinem Label tatsächlich zum Wegbereiter des Nazirock in Deutschland wurde, sind OHL bis heute als eine Band aktiv, die auch ohne eindeutig rechte Färbung ganz und gar von der Kriegsästhetik lebt und zugleich nicht müde wird, in wirren Interviewstatements zu betonen, daß sie gegen jegliche Form von Ideologie seien und daß also (darauf läuft es bei ihnen hinaus) zwischen Faschismus und Kommunismus kein großer Unterschied bestehe. Von der Ironie, die OHL 1982 unterstellt wurde, ist dabei nichts zu spüren – Kommunistenhaß läßt dort im Gegenteil Kritik gegenüber verbrecherischen Vereinen wie der Wehrmacht verblassen; lange vorm *Schwarzbuch des Kommunismus* waren OHL Vertreter eines Relativismus, dem es vor allem darum ging, die Verbrechen der Nazis als etwas Nicht-Singuläres abzumildern. Einen deutschen Soldaten abzubilden, »dessen Gesicht das Elend des Krieges widerspiegelt«, war und ist allemal weder eine antifaschistische noch pazifistische Geste, sondern die übliche rechte Lesart – der deutsche Soldat als Opfer.

Aber ich möchte hier kein Papier verschwenden und mich über eine bekanntlich geistig wie musikalisch dumpfe Band auslassen – wäre es nicht symptomatisch, daß die Bilder des Krieges in Punk und Hardcore wie überall sonst auch stets Gefahr liefen, zu einem von jeglicher Aussage losgekoppelten Selbstläufer martia-

»I'm all lost in the Supermarket,
I can no longer shop happily,
I came in here for that special offer
Guaranteed Personality.

I wasn't born so much as I fell out,
Nobody seemed to notice me
We had a hedge back home in the suburbs
Over which I never could see.

I heard the people who lived on the ceiling
Scream and fight most scarily,
Hearing that noise was my first ever feeling,
That's how it's been all around me.

I'm all tuned in, I see all the programmes
I save cupons from packets of tea,
I've got my giant hit discoteque album,
I empty a bottle and I feel a bit free.

The kids in the halls and the pipes in the walls,
Make me noises for company,
Long distance callers make long distance calls,
And the silence makes me lonely.
And it's not here.
It disappear.«

THE CLASH: »Lost In The Supermarket«, auf *London Calling*, 1979

»Am Kiosk sehe ich eine mir bis dahin unbekannte Zeitschrift. Acht Mark. Vierfarb-Kunstdruck. Schlagzeile für die Seiten 111 bis 117: ›Punk-Fashion, eine brutale Schock-Mode, aufregendste Neuheit seit Erfindung des Mini-Rocks – Häßlichkeit verkauft sich gut!‹ ›Esquire‹ heißt die Zeitschrift. Und im Untertitel: Der Erfolgreiche. Vielleicht sollte sie sich deutlicher umbenennen: ›Die Revolution ist vorbei, wir haben gesiegt.‹«

Alfred Hilsberg: »Die Revolution ist vorbei – wir haben gesiegt!«, in *Sounds* 2/78

lischer Ästhetik zu werden. Die Aura der Gewalt, mit der Henry Rollins sich schmückt und trotz (oder sogar wegen?) seiner Misogynität zum Herzensbrecher bei vielen Frauen hat werden können, besteht aus nichts anderem als der platten Warenlogik, daß sich der Kämpfer in einer auf Kampf aufgebauten Gesellschaft eben besser als der schwache, gebrochene Charakter verkauft.
Damit aber greife ich bereits einige Schritte vor. Das nämlich, was Rollins verkörpert, eine männliche Kampfmaschine, die gar nicht mehr weiß, wofür oder wogegen sie kämpft, ist bereits die glatte, kommerziell verwertbare Oberfläche, zu der Punk sehr schnell hatte werden können. Mit dem Moment, wo Punk die eigene Verwundbarkeit abgelegt hatte und im permanenten Krieg nicht mehr bewußt Verlierer sein wollte, sondern Profiteur des Krieges, war Punk von der radikalsten Kapitalismuskritik, die eine Jugend vielleicht je gelebt hat, zur völligen Teilnahme am System übergegangen.
Und es war schon von Anfang an so: Daß die Naht zwischen links gerichtetem, antikapitalistischen Punk und rechten Männerbünden sehr dünn ist liegt an der alles bestimmenden Ästhetik von Männlichkeit, Krieg und Gewalt, bei der jeder einzelne selbst entscheiden muß, in welches Verhältnis er sich dazu stellt: Gewalt als mimetisches Spiel gegenüber einem gesellschaftlichen System, das man ablehnt, oder Gewalt als Ästhetisierung von Männlichkeit und Stärke, die man systemgerecht propagiert.

Punk war eine diesseits gewandte Religion (»die zweite Hälfte des Himmels könnt ihr haben – das Hier und Jetzt, das behalte ich«, FEHLFARBEN), die das Paradies auf Erden suchte und wußte, daß sie es in dieser Gesellschaft nicht finden würde. Darum erklärte Punk dieser Gesellschaft den Krieg und schließlich den Kapitalismus zu einem andauernden Kriegsschauplatz. Alles wurde als feindlich empfunden und als gegen den einzelnen gerichtet. Draußen eine feindliche Architektur, feindliche Innenstädte und feindliche Vorstädte. Feindliche, weil nicht mehr funktionierende Kommunikation, kaputter Sex und in Floskeln geronnene Gesten der Liebe, feindliches Fernsehen und feindliche Presse. Deshalb ging es Punk nicht nur, wie den meisten Jugendkulturen, um ein

hedonistisches Konzept gegenüber einer spaßfeindlichen Gesellschaft (die, nebenbei, ja gar nicht so spaßfeindlich ist, sondern einfach nur haufenweise falsche, entfremdete Wege des Vergnügens produziert), sondern es ging Punk vielmehr darum, gerade aus dem Kampf gegen die Gesellschaft die höchste Form des Vergnügens zu ziehen. »Apokalypse« hieß ein Song der FEHLFARBEN, »Ich steh auf Zerfall« hatte Blixa Bargeld bei den EINSTÜRZENDEN NEUBAUTEN gebrüllt, als Bargeld noch Punk war – der Geist von Punk war nahe am Abgrund, an eben jenem »Grandhotel Abgrund«, als das Georg Lukács einmal die geistige Wohnstätte von Theodor W. Adorno bezeichnet hatte – eine Polemik, die darauf hinweisen wollte, daß einer, der eine sattsam bezahlte Professorenstelle innehat, sehr leicht über die »Hölle«, zu der das »System« geworden ist, schwadronieren kann.
Anders als Adorno hatten die Punks keine Professuren inne und in der Regel wenig oder gar kein Geld; ihre Motivation, die Apokalypse auszurufen, war allerdings der von Adorno sehr nahe: Inmitten der völligen Entfremdung blieb als einziges, wenngleich bitteres Vergnügen, sich gegen die Falschheit des Ganzen zu wenden. Das, was Adorno in der *Ästhetischen Theorie* als einzige Legitimität der Kunst bezeichnet hatte, erhöhte Punk zum Lebenskonzept. Es ging nicht mehr nur darum, mit Hilfe der Kunst die Verwundung zu zeigen, die das »beschädigte Leben« einem zugefügt hatte, sondern diese Verwundung auf den eigenen Körper zu übertragen, sie alltäglich zu leben, auf der Straße wie eine Art Schmuck vorzuführen. Ein Konzept, das für manche, gerade im frühen New-York-Punk, ein schneller, effektiver Weg in die Selbstzerstörung war. Das Transvestiten- und Puppenhafte, das zum Beispiel eine Band wie THE NEW YORK DOLLS nachträglich berühmt gemacht hat, war ihre Strategie, Entfremdung zum Ausdruck zu bringen, das Entmenschlichte, das Gesellschaft aus einem gemacht hat, auf den eigenen Körper zu übertragen – und daran zugleich auch wirklich zugrunde zu gehen, weil auch die Drogenexzesse mit dem Glauben gespielt haben, man selbst sei nur eine Inszenierung, ein Puppenkörper, der sich nicht zerstören läßt. Das war die Grenze, an der das Spiel im Kampf gegen das Falsche die Falschen zum Opfer hat werden lassen.

»Ich habe das alles schon
1000 male gesehen.
Ich kenne das Leben,
ich bin im Kino gewesen.
Doch jedesmal wenn
ich sie seh,
weiß ich nicht wie es
gehn soll,
ich find nicht den Dreh.

Es liegt ein Grauschleier
über der Stadt,
den meine Mutter noch
nicht weggewaschen hat.

Die Geschichte ist langweilig, immer dasselbe.
Die Bücher zum Thema
sind auch nicht das Gelbe.
Und will ich ihr dann
mal was sagen,
dann fällt mir nichts ein,
nur leere Phrasen.«

FEHLFARBEN: »Grauschleier«, auf *Monarchie und Alltag*, 1980

»dressur ist alles, alles dressur, sie geht durch mich hindurch. ich bin siebzehn und ein mann, und es braucht keinen peitschenschlag mehr, mich wissen zu lassen: die illusion von gemeinsamkeit gibts noch immer nur als kinderhaben, familienausflug, auto, urlaubsfoto.«

Ronald M. Schernikau: *Kleinstadtnovelle*, 1980

»Das einzige Regulativ dieser Gesellschaft scheinen die Begriffe ›in‹ und ›out‹ zu sein. Man will immer das Schickste haben, bei der letzten Premiere dabei gewesen sein und die letzten Äußerungen des Herrn X oder Y gelesen haben, wie das in jeder High Society üblich war. (...) Das Ganze ist nicht mehr als eine neue Konsumgebärde, die aufs engste mit den hektisch gesteigerten Produktionsverhältnissen und der von der Industrie bewußt eingeplanten Obsolenz der meisten Konsumerzeugnisse verbunden ist. (...) Alles in allem ist so eine ›Upper-Class-Boheme‹ entstanden, die es wie die High Society des 19. Jahrhunderts höchst geschickt verstanden hat, den eventuell ›gefährlichen‹ Pop in eine ›modische Variante‹ umzuwandeln, indem sie ihn einfach ›kommerzialisierte‹.«

Jost Hermand, in *Pop international*, 1971

Punk machte klar, daß Wollen immer nur dort legitim formuliert werden kann, wo es auch einen Mangel gibt. Der Mensch, der im Frieden lebt, hat kein Anrecht darauf, sich zu beklagen. Weil aber permanent Krieg herrscht, ist das Wollen legitim. Der erste Punk-Slogan wurde diesbezüglich noch von einem Hippie geäußert: »I want the world – and I want it now!« forderte Jim Morrison.
In der Regel gelten solche Empfindungen, sofern sie nicht theoretisch fundiert von jemandem wie Professor Adorno begründet werden, als Adoleszenz-Phänomen (auch das der Name einer Punkband: THE ADOLESCENTS), eine beiläufige Erscheinung, Teil einer Entwicklung, die vergeht. Ein typischer pubertärer Übergang, mit dem Verlust der Kindheit erst einmal alle gesellschaftlichen Regeln ernüchtert in Frage zu stellen, um schließlich einzusehen, daß sie doch einigermaßen vernünftig sind. Um danach eine Lehre anzufangen oder zu studieren, den Führerschein zu machen, zu heiraten und Kinder zu bekommen. Und sich ab und zu mal wieder gerne an die »alten Platten« und die »wilde Zeit« zu erinnern.
Aber nein, Punk wollte das nicht. Punk wußte, daß Körper und Seele des Menschen zu keiner Zeit so verletzlich, so verstört, gereizt und anfällig sind wie während der Pubertät. Deshalb wollte er der Pubertät Dauer verleihen. »Mit Pubertät zum Erfolg«, hieß ein Slogan von Martin Kippenberger – einer von jenen, die selbst inzwischen daran gestorben sind, ihrem Körper zu viel zugemutet zu haben. Ein Krieger also.

Pubertät und Boheme

In wohl fast jeder Biographie derjenigen, die nach dem Zweiten Weltkrieg aufgewachsen sind, gibt es Schlüsselerlebnisse, die mit Popmusik zu tun haben, Erlebnisse, die meistens mit dem eigenen Erwachsenwerden verbunden sind. Popmusik ist schließlich für fast alle der Soundtrack ihrer Pubertät gewesen, Soundtrack zu einer Zeit, wo sämtliche Momente des Lebens wie zum ersten Mal erfahren werden, erstmals losgelöst vom schleierhaften Blick der Kindheit, damit ebenso intensiv, beinahe schmerzhaft intensiv, wie auch desillusionierend. Der Musik, die ein Mensch in dieser kurzen Phase seines Lebens hört, wird er für immer eine besondere Bedeutung beimessen. Aus diesem Grund schrieb wohl auch Simon Frith, daß ein entscheidender Grund, sich noch als Erwachsener mit Popkultur auseinanderzusetzen, die Nostalgie sei. Das werde zwar selten so benannt, schwinge aber stillschweigend in allen Texten und Äußerungen mit, die Erwachsene zum Thema Pop schreiben und abgeben: Die Nostalgie »kommt in Studien zur Popmusik als liebevoller Blick zurück auf die Jugendzeit zum Ausdruck.«

Eine solche Nostalgie kann allerdings auch die Gefahr mit sich bringen, die Zeit der eigenen Jugend und also auch die Musik aus der eigenen Jugend als bestmögliche zu verklären und gegenüber allem Nachkommenden als einzig »wahre« und also »authentische« Popkultur zu verteidigen; zum anderen besteht die Gefahr, damit nur eine gesamtgesellschaftliche Tendenz zu stützen, nämlich die, Jugend oder doch zumindest Jugendlichkeit als Ideal zu setzen, als einen von aller geistigen Haltung losgekoppelten Wert schlechthin (im Sinne von: Jugend = Dynamik, Vitalität, Ideenreichtum). Und sicher spielt bei vielen, die sich bis weit in ihre Dreißiger und Vierziger hinein mit Pop beschäftigen, der Wunsch eine Rolle, sich über die Beschäftigung mit Pop zumindest den lebensweltlichen Anschein von Jugendlichkeit zu bewahren. »I don't wanna grow up«, wie es in einem Song der DESCENDENTS heißt, ist nun mal eines der dauerhaften Postulate im Pop, mitunter seine Ideologie, die den Terror zur Jugendlichkeit zur Folge hat.

Die DESCENDENTS aber waren eine Punkband. Die große Weigerung, nicht erwachsen zu werden, war von ihnen anders, nämlich kämpferisch gemeint, das Stadium der Pubertät nie aus den Augen zu verlieren, also trotzig Pubertierender zu bleiben.

Es gibt nämlich auch noch einen anderen Weg, sich an Pop und Pubertät zu erinnern – unter anderem aus dem Bedürfnis heraus, den nostalgischen Blick auf die Jugend in eine zukunftsgerichtete Gesellschaftsutopie umzumünzen und damit unabhängig vom biologischen Alter die Momente der Intensität und mit ihnen das Recht auf Tagtraum, Ausschweifung und Auflehnung gegen

»Ach was sehnen,
ach was wünschen
Wir uns oftmals
doch dorthin
Wo das Glück wir wähnen
Macht es noch so
wenig Sinn.
In der Hoffnung eines Tages
Treffen alle wir uns dort
Ganz zerfressen von
dem Ehrgeiz
Nach dem unbekannten Ort.

Nach viel Mühe wenig Rast
Haben wir es fast geschafft!
Zwei drei Stufen leicht
genommen
Wird sodann Olymp
erklommen
Der es wert war zu
verzichten?
Auf das Leben? Auf die Liebe
Die meist ganz normalen
Triebe?
Eingetauscht für Macht
und Geld
Ruhm und Schein in
dieser Welt?

(...)
Weggewischt! Ausradiert!
Nimmt des Reichtums
Armut Lauf
Was dereinst wir so
bekämpft
Hält nun länger sie nicht auf
Ganz berauscht und wie
von Sinnen
Klammern Finger sich an
Zinnen.«

MUTTER: »Ach«, auf *Europa gegen Amerika*, 2001

den zweckbestimmten ökonomischen Alltag einzuklagen. Dieses Moment kann allerdings nur denjenigen ein Bedürfnis sein, die Popkultur nicht bloß als angenehme, aber letztlich biographisch folgenlose Berieselung empfunden haben, als bloß nostalgischen Schauder beim Wiederhören eines Songs, der im Autoradio lief, als man zum ersten mal geknutscht hat, sondern für die sie eine ästhetische Erschütterung darstellte, die als »gesellschaftliche Antithesis zur Gesellschaft«, als welche Adorno Kunst bezeichnete, den Eindruck von einer möglichen anderen Gesellschaft vermitteln konnte. Und damit bin ich wieder beim Punk angelangt. Dort nämlich waren Pubertät und Popkultur nicht alleine verbunden mit Sehnsucht nach Jugend (»Verschwende deine Jugend«, DAF), sondern mit der utopisch nach vorne gewandten Sehnsucht, ein ganz bestimmter, nämlich pubertärer Zustand möge anhalten und als solcher nie aus dem Leben verschwinden: der Zustand, sich der Welt gegenüber aufgrund ständiger intensiver Erlebnisse nahe zu fühlen, zugleich aber fremd gegenüber der Art, wie Gesellschaft beschaffen ist. Ein Kriegszustand: Rauschhaft im Kampf, nicht verzweifelt, sondern betört, ständig aufgestachelt gegenüber so viel Feind. »Schau, all die Menschen tun so weh« (EA 80).

»Die Bullen haben
das Haus umstellt
Und brüllen mir über
Megaphon zu:
›Finde eine Frau und
Such dir einen Job
Das ist unsere letzte
Warnung
Das nächste Mal machen
wir ernst‹.
It's the same old song
But with a different meaning,
since you've been gone.«

KNARF RELLÖM ISM: »Same Old Song«, auf *Fehler Is King*, 1999

Dieses Moment, nämlich das Lebenskonzept der Boheme, verbunden mit dem Gefühl, gegenüber den Werten und den biographischen Modellen, die Gesellschaft anbietet, entwurzelt zu sein, hat im Punk seinen Ausdruck gefunden im Sinne einer Bejahung des Lebens, wie es sein könnte, und einer Verneinung des Lebens, wie es ist. Und genau dieses Moment ist es auch gewesen, das Greil Marcus dazu veranlaßt hat, Punk mit Dada und den Situationisten zu vergleichen, die allesamt daran verglüht sind, ihre intensivsten Stunden daraus zu ziehen, in einem Zustand maximaler Pubertät außer Kontrolle zu geraten und nichts mehr zu wollen außer dem totalen Zerfall der bestehenden Ordnung. Sie alle, Dada, Guy Debord und Punk, haben manifesthaft gearbeitet, schnelle, markante, also kriegerische Sätze rausgeschleudert, weil sie selbst Angst davor hatten, dieser Zustand, diese ganz spezielle Mischung aus Feindschaft und Erlebnisdichte, könne so schnell vergehen und der Ernüchterung weichen, wie in unser aller

Leben die Pubertät vergangen ist und uns als Erwachsengewordene hat erstarren lassen. »In den besten Punk-Singles«, schreibt Greil Marcus, »herrscht das Gefühl vor, was gesagt werden muß, müsse sehr schnell gesagt werden, weil die erforderliche Energie und der Wille, es zu sagen, sich nicht lange beibehalten ließen.« Schlachten nämlich müssen schnell geschlagen werden. Entweder, indem man sich in ihnen bis zur Erschöpfung verausgabt, oder, indem man als Verlierer aus ihnen hervorgeht. Ans Siegen hat Punk gegenüber der Allmacht der Entfremdung nicht wirklich glauben können, so wenig übrigens wie Debord und auch, in ganz anderen Gefilden unterwegs, Adorno. Gerade das aber macht auch das Sympathische und vielleicht einzig Legitime ihres Kampfes aus, der immer ein Kampf derjenigen war, die wußten, daß sie zu den Schwächeren, zu den Verlierern gehören würden. An dieser Stelle eine kurze Ausschweifung. Adorno hat die Popmusik gehaßt, hat alle leichte, freundliche und falsch versöhnende Kultur gehaßt, so wie Punk übrigens (aus anderen Gründen) auch – »and I hate modern music, Disco, Boogie and Pop« (THE BUZZCOCKS). Aufgrund seiner musikalischen Sozialisation und seiner Vorstellung von einer übers Klangmaterial gesellschaftlich befreiend wirkenden Musik hätte Adorno auch mit Punk nichts anfangen können. Doch in seiner Bewertung der Pubertät als kurzer Phase der Befreiung, die einem die Augen öffnet, gegenüber der ganzen schrecklichen Seifenoper da draußen von den eigentlichen Bedürfnissen völlig losgekoppelt zu sein, war Adorno im Innersten seines Herzens ein Punk. Ich erinnere nur an seine kleine Schrift *Zum Verhältnis von Soziologie und Psychologie*, in der er mit dem autoritären, familienfixierten Freud hadert und schließlich einen Text von Anna Freud auseinandernimmt, in dem sie vor der »Intellektualisierung in der Pubertät« warnt, als wären Denken und Wollen das größte Gift dagegen, jenen Zustand zu erlangen, der sich auch noch in der Psychoanalyse dubios ›Gesundheit‹ nennt. Anna Freud schreibt da von einem »Typus von Halbwüchsigen«, der dazu neigte, seine Pubertät zu verlängern. Solche Irregeleiteten »haben ein unstillbares Verlangen, über abstrakte Themen zu denken, zu grübeln und zu reden«, sie wollen gar »Probleme lösen«, setzen sich mit »Formen

»Wo ist die Grenze?
Wie weit wirst du gehen?
Verschweige die Wahrheit,
du willst sie nicht sehen.
Richtig ist nur,
was du erzählst.
Benutze einzig,
was dir gefällt.

Schneid dir die Haare,
bevor du verpennst
Und wechsle die Freunde
wie andre das Hemd
Bau dir ein Bild,
so wie es dir passt
Und zieh es an die Spitze,
für dich keinen Platz.

Und wenn die Wirklichkeit
dich überholt
Hast du keine Freunde,
nicht mal Alkohol
Du stehst in der Fremde,
deine Welt stürzt ein
Das ist das Ende,
du bleibst allein.

Bild dir ein, du bist Lotse
und hälst das Steuer
Mitten im Ozean spielst
du mit dem Feuer
Sprichst andere Sprachen
im eigenen Land
Zerstreu alle Zweifel und
deinen Verstand.«

FEHLFARBEN: »Gottseidank nicht in England«, auf *Monarchie und Alltag*, 1980

der freien Liebe« auseinander, diskutieren über »die verschiedenen Formen der Politik«, »Revolution und Unterwerfung« inbegriffen, und »um die Freundschaft selbst in all ihren Formen«. All das, stellt Anna Freud fest, zeugt zwar von tiefer, oft beeindruckender Intellektualität, doch führt es bei den verlängert Pubertierenden zu erschreckenden »Gefühlsrohheiten«, nämlich vor allem dazu, daß hier die »Einreihung in das soziale Leben« gar nicht oder doch zu spät stattfindet, weil ein solch Pubertierender »offenbar schon Befriedigung fühlt, wenn er überhaupt denkt, grübelt oder diskutiert«.

»A similar idea resurfaced in GANG OF FOUR's ›Love Like Anthrax‹ (from *Entertainment*, 1979). With the key image of the lovesick victim as ›a beetle on its back‹, this bunch of neo-Marxists seemed to regard love as a disabling, paralysing force that diverted energy from the righteous business of political analysis and activism. The track has two vocalists. One sings, lamenting his lovelorn addiction; the other speaks in a dry monotone, dissecting the way love is privileged in pop. It's as though GANG OF FOUR regard love as the twentieth century's equivalent to religion, Marx's ›opiate of the people‹.«

Simon Reynolds & Joy Press, in *The Sex Revolts. Gender, Rebellion and Rock'n'Roll*, 1995

Wer einmal an einem Punk- oder Hardcore-Konzert in einem der autonomen Zentren teilgenommen hat, wie sie in den Achtzigern, als die BRD noch BRD war, bundesweit existierten, weiß, was Anna Freud gemeint haben mag: Allenthalben ein Drang, sich zu artikulieren und alles in Frage zu stellen, hier der Antifa-Stand, dort die Veganer-Gruppe, heiße Diskussionen mit der Band im Backstageraum um die Gefahr des Ausverkaufs, ständiges Durchdeklinieren nach sinnvollen Formen der Verweigerung ... und also das Gefühl, als letzte Parzelle in diesem nach Planquadraten eingeteilten Land selbst wenigstens noch am Leben zu sein – eben aufgrund der Tatsache, als letzte überhaupt noch zu denken, zu grübeln und zu diskutieren. Weil alles andere Verrat gewesen wäre, nämlich »Einreihung in das soziale Leben« – eine Einreihung, die, weil überall Krieg herrscht, de facto das asoziale Leben ist, Ort des Funktionierens, Anpassens, Unterdrückens und Unterdrückt-Werdens, der Ort, wo die Reihenhäuser blühen und »Formen der freien Liebe« sich in eheliche Vergewaltigung gefügt haben.

»Mit solchen Urteilen hat die Psychoanalyse«, antwortete Adorno auf Anna Freud, »sich entschlossen zu den Vätern geschlagen, die, sei es die hochfliegenden Ideen der Kinder mit herabhängenden Mundwinkeln belächeln, sei es darauf vertrauten, daß das Leben sie mores lehrt, und die es für wichtiger halten, Geld zu verdienen, als sich dumme Gedanken zu machen.« Als ob es, fügte Adorno an, »bei den Erwachsenen an der Rücksichtslosigkeit, Treuelosigkeit und Gefühlsroheit fehlte, welche Anna Freud den ›Jugendlichen‹ vorwirft«, und entrüstete sich: »Der Geist, der sich von den unmittelbaren Zwecken distanziert, und dem dazu jene paar Jahre die Möglichkeit geben, in denen er über seine Kräfte verfügt, ehe diese der Zwang zum Erwerb des Lebens absorbiert und abstumpft, wird als bloßer Narzißmus verleumdet.« Der Psychoanalyse, die den Narzißmus schon immer als Schreckensbild alles Nichtsozialen hochhielt und schließlich auch Homosexualität zur narzißtischen Verfehlung erklärte, wird hier von Adorno kurz und knapp bescheinigt, was einer ihrer größten Irrtümer war: die Kindheit zu fixieren und die Pubertät zu vernachlässigen. Aber alles – und das wissen wir nicht erst seit Punk –, was wir uns selbst haben aneignen können gegen den Moloch des Sozialen, haben wir uns in der Pubertät angeeignet, ist uns mit den ersten feuchten Nächten im Sinne von gleichzeitigem Verlust und Verlangen bewußt geworden. Daher waren sowohl die Gruppe rund um Guy Debord wie auch einige unter den Punks nur konsequent, dem Zwang zum Sozialen den Krieg zu erklären, weil sie »der Geist« bleiben wollten, »der sich von den unmittelbaren Zwecken distanziert«. Die unmittelbaren Bedürfnisse sind wichtiger als die Zwecke gewesen. Deshalb hieß und heißt es noch immer im Kapitalismus, für das Bedürfnis und gegen den Zweck zu leben. Die Umgebung zu zweckentfremden, wie es die situationistischen Manifestene verlangten.

Die Idee, die Pubertät zu verlängern, die von Punk und Hardcore einmal zu realisieren versucht wurde, hat also denkbar wenig mit der Strategie der Popindustrie zu tun, Pubertät auf ein paar schöne Lieder zu reduzieren, die den Weg in die Erwachsenenwelt erleichtern. »Heaven is the Backseat of my Cadillac« ist deshalb eine Lüge, weil dieser Titel die Hölle verschweigt, die auf einen solchen Himmel folgt. Die im kommerziellen Pop vorgeschlagene Form dauerhafter Jugendlichkeit ist nichts weiter als eine Durchhalteparole, die einem auch noch im Altersheim ermöglichen soll, beim schlurfenden Tanz zu den alten Liedern das Gefühl beizubehalten, daß das eigene Leben voller schöner Momente gewesen ist. Pop will im Gegensatz zu Punk vergessen machen, daß die Pubertät zwei Seiten hat. Es kann die Zeit im Leben sein, in der sich ein Mensch zum Erwachsenwerden entscheidet und also die Cadillac-Nummer durchzieht, wie der Vater das bereits

»Sicherlich gibt es einen Stilwandel, sowohl in den Freizeitformen wie in den deliquenten Lösungen, und der Großstadt-Adoleszent ist wahrscheinlich vergleichsweise besser dran. Schließlich aber liegt die Crux darin, daß in Roundhouse wie in vielen anderen großstädtischen Nachbarschaftsbezirken die Eltern, Kinder und Heranwachsenden so viele der grundlegenden strukturellen Beschränkungen und der ihnen aufgezwungenen sozialen Ungerechtigkeiten teilen, daß ihre Weltanschauungen eher konsistent und harmonisch sind, als daß sie einander widersprächen. Doch solche Einheit der Nachbarschaft, die zwar auf Isolation und einen Gegensatz zur umgebenden Gesellschaft hinweist, läßt sich auch als Anpassung an eine bestimmte strukturelle Situation, statt als dauerhafte Ablehnung herrschender Werte und Lebensformen begreifen.«

Howard Parker: »Aus Jungen werden Männer. Kurze Adoleszenz in einem innerstädtischen Wohnbezirk.«, in John Clarke u.a.: *Jugendkultur als Widerstand*, 1979

»Als ein wechselvolles Kaleidoskop von Klischees, bruchstücken, Frustrationen und Gefühlssignalen wird der Alltag erlebt. Die Sprache der Neuen Deutschen Welle folgte dieser Stimmung. Schlagwörter wurden jetzt in den Texten serviert. Assoziationsangebote machten die Runde. Splitterartiges fügte sich kaleidoskopartig zu immer neuen Bildern in farbigem Dekor: ›Geldschein – Sonnenschein – Parkschein – Totenschein – Jagdschein – Krankenschein – Gutschein – Heiligenschein / Heutzutage ist alles nur Schein – am liebsten wär ich scheintot!‹ (WIRTSCHAFTSWUNDER). Das neue Sprachgefühl, die Unverfrorenheit der Rede, mißtraute der bloßen Mitteilungsfunktion von Sprache. (...) Die vielbeschworene ›Sinnkrise‹ wurde nicht mehr als eine des Systems, sondern als eine des Subjekts erlebt.«

Peter Kemper: »Wo geht's lank? Peter Pank, Schönen Dank!«, in *›but I like it‹. Jugendkultur und Popmusik*, 1998

tat, um zu wissen, was es heißt, ein Mann respektive eine Frau zu sein und am Ende ein Vater/eine Mutter zu werden; es kann aber auch in genau dieser Phase zum Umsturz kommen, zur totalen Kriegserklärung an das Diktat, das Erwachsenwerden und den ganzen übrigen Scheiß mitzumachen. In diesem vielleicht sensibelsten und von der Psychoanalyse sträflich vernachlässigten Moment des Lebens kann es zugleich aber auch zu einem Knacks kommen, der zu einem Ekel davor führt, an dem ganzen Spiel teilzunehmen. Oder, wie es gegen Ende der großen Pubertätsnovelle *Die Verwirrungen des Zöglings Törless* von Robert Musil heißt:

»So daß, als er einmal von jemandem, dem er die Geschichte seiner Jugend erzählt hatte, gefragt wurde, ob diese Erinnerung nicht manchmal beschämend sei, er lächelnd folgende Antwort gab: ›Ich leugne ganz gewiß nicht, daß es sich hier um eine Erniedrigung handelte. Warum auch nicht? Sie verging. Aber etwas von ihr blieb für immer zurück: jene kleine Menge Giftes, die nötig ist, um der Seele die allzu sichere und beruhigte Gesundheit zu nehmen und ihr dafür eine feinere, zugeschärfte, verstehende zu geben.«

Das Gift, von dem zu reden Musil da Törless in den Mund legt, ist das Wissen um die Abgründe, die hinter der Normalität stecken, das pubertär erfahrene Wissen, daß die gelebte Normalität zwischen Arbeit, Freizeit und Familie nur die inszenierte Befriedung auf einem Kriegsschauplatz meint. Dem gegenüber hat Punk den Kriegsschauplatz auf sich gezogen und all die Gewalt gespielt, die andernorts verdrängte Wirklichkeit war. Darum auch war Punk der »feinere, zugeschärfte, verstehende« Weg, der pubertäre Weg, Stärke zu mimen, um auf die eigene Verletzlichkeit, auf die Gebrochenheit aufmerksam zu machen.

Das zur Erklärung, zumindest als Versuch einer Erklärung, wie es einmal war. Nun aber weiter mit der Frage, warum eine solche Strategie hat scheitern müssen. Warum auf Punk und Hardcore nur noch Gesten von entleertem Protest gefolgt sind und kriegerische Strategien der Härte, die nichts mehr mit pubertierender Verwirrung, sondern alleine mit satter Selbstgenügsamkeit zu tun hatten. Warum also RAMMSTEIN nach NOMEANSNO, warum

PRODIGY nach CLASH? Läßt sich das alleine über Popgeschichte, über zunehmende Kommerzialisierung und die Macht der Kulturindustrie, auch noch kriegerische Gesten als platte Bilder zu vereinnahmen, erklären? Oder ist hier nicht am Ende der ganzen Gesellschaft das Initialerlebnis Pubertät verlorengegangen?

»RAMMSTEIN sind die Schande der Popmusik, ein präzivilisatorisches Monument, das uns Dinge erzählt, die wir schon längst vergessen hatten. In ihnen hat etwas überlebt, und es wird immer unter uns sein.«

Thomas Mießgang, in *Die Zeit* 46/97

Opfer und Täter

Kurt Cobain, der in Frauenkleidern auf die Bühne trat; Kurt Cobain, der seine Mitmusiker küßte, um das bereits zu sehr auf falsche Härte konditionierte Publikum zu verstören, war der letzte, der die Wunde am eigenen Körper lebte und mit seinem Selbstmord als unrettbar zurückließ. Er war der letzte große pubertierende Krieger, so sehr man NIRVANA auch als von Anfang an gescheitert betrachten mag. Danach geisterten nur noch Krieger über die Bildschirme und Bühnen, bei denen sich Pubertät zu einem bloßen Kriegsspektakel veräußerlicht hat. Ob sich das hierzulande nun »Neue Deutsche Härte« nennt oder im Ausland Gruppen wie PRODIGY hervorgebracht hat – diese Form von kriegerischer Inszenierung zielt nicht mehr darauf ab, die eigene Schwäche ins Spiel zu bringen, sondern sie ist ein reiner Cartoon aus Gesten von Männlichkeit, Kraft und Stärke. Ganz gleich, ob man sich die Texte und Ästhetik von RAMMSTEIN oder die von PRODIGY ansieht – alles eine große, aber gespenstisch auf ernst getrimmte Neuauflage von Alice Cooper –, stets kommt einem in den Sinn, daß dies eigentlich gar nicht pubertär ist, sondern vor der Pubertät steckengeblieben; eine verklemmte Jungenswelt, die sich aus Angst vor allem Sexuellen in Superhelden-Stories und läppische Gewaltphantasien flüchtet. Während in der Pubertät existentielle Fragen aufgeworfen werden, wie sie von Punk verarbeitet wurden – Wer bin ich? Was soll das alles? Was will ich überhaupt? (»I'm wasted!«, BLACK FLAG) –, scheint es, als habe die Pubertät bei all den RAMMSTEIN- und PRODIGY-Fans nie stattgefunden. Statt sich ein Gefühl von Schwäche, Entfremdung und Anderssein einzugestehen, flüchten sie sich in die totale Verklemmtheit, in die »Rattattazong«-Videospiel-und

»Wir sind 'ne Rotte. Ein Rudel, wo sich die, die am lautesten bellen, durchsetzen.«

RAMMSTEIN, im Interview mit *Concert*, 2000

Poster-Welt von Zwölfjährigen, wo Härte und Schock gerade deshalb als cool empfunden werden, weil sie Wege sind, sämtliche existentiellen Fragen lautstark zu überspielen. »Natürlich hat das alles nichts mit der Wirklichkeit zu tun«, erzählte ein bekennender RAMMSTEIN-Fan, der übrigens damals gerade seinen Zivildienst leistete, im Rahmen eines HR-Radiointerviews, »deshalb würde ich auch nicht sagen, daß das irgendwie politisch ist, weil es ja überhaupt nur ein Spiel ist. Das ist ja gerade das Geile daran.«

Die Fans dieser hämmernden Kriegsmaschinen scheinen direkt von der Kindheit in die Erwachsenenwelt gerutscht zu sein, ohne je ein pubertäres Erlebnis gehabt zu haben. Nach außen hin sind sie längst erwachsen, haben ihre Jobs oder befinden sich in der Ausbildung; in ihrer Freizeit jedoch benehmen sie sich wie Zwölfjährige, die daran Spaß haben, an einem Spektakel von Härte und Provokation teilzunehmen, das nichts mehr gegenüber dem Bestehenden einklagt, sondern als Gladiatorenspiel das Gefühl befriedigt, daß sich wenigstens auf der Bühne noch die Ordnung des Stärkeren zu behaupten weiß. Selbst MODERN TALKING, die Band mit dem Weißmacher-Image, hat die semifaschistische RAMMSTEIN-Ästhetik für ihr Video zu »Win The Race« übernommen, wohl wissend, daß sie längst zum Ausdruck von Konformismus geworden ist, der keinerlei nennenswerten Anstoß mehr erregt.

»Ich bin der Reiter
Du bist das Ross
Ich steige auf
Wir reiten los
Du stöhnst ich sag dir vor
Ein Elefant im Nadelöhr

Rein raus

Ich bin der Reiter
Du bist das Ross
Ich hab den Schlüssel
Du hast das Schloss
Die Tür geht auf ich trete ein
Das Leben kann so prachtvoll sein

Rein raus

Tiefer Tiefer
Sag es sag es laut
Tiefer Tiefer
Ich fühl mich wohl in deiner Haut
Und tausend Elefanten brechen auf

Rein raus

Der Ritt war kurz
Es tut mir leid
Ich steige ab hab keine Zeit
Muss jetzt zu den anderen Pferden
Wollen auch geritten werden

Rein raus.«

RAMMSTEIN: »Rein Raus«, auf *Mutter*, 2001

Es wäre völliger Blödsinn, im Stil konservativer Moralapostel einen direkten Zusammenhang zwischen Gruppen wie MARILYN MANSON, RAMMSTEIN & Co. und irgendwelchen jugendlichen Amokläufern zu sehen. Es ist im Gegenteil nicht die Abseitigkeit und Verstörtheit, sondern die Normalität, der hohe Grad an gesellschaftlicher Angepaßtheit, der einen vor deren Fans erschrecken läßt. Der Krieg, den diese Bands zelebrieren, ist ja lediglich so normal wie der tägliche Krieg unter Erwachsenen. Er ist nicht Ausdruck eines anderen, nicht mal Ausdruck eines wir auch immer gesellschaftlich gefürchteten Bösen, sondern die ganz normale Pose der Männlichkeit.

Die Pubertät, die alles in Frage stellt, findet nicht mehr statt. Sie ist einer Pragmatik gewichen, einem Realitätsprinzip, das die

Biographien in dem selben Maße dazu veranlaßt, sich übergangslos an die Erwachsenenwelt anzupassen, in dem sie zugleich den veräußerlichten Schock zu dem Zweck konsumieren, weiterhin als Erwachsene funktionieren zu können. Es gibt dort keine Schwäche, keinen Zweifel mehr, weshalb sich der Zivildienstleistende, der im Altersheim arbeitet und ständig mit Tod und Gebrechen konfrontiert wird, ohne damit konfrontiert werden zu wollen, auf den Konzerten der neuen Härte – bei Rollins übrigens genauso wie bei RAMMSTEIN – daran ergötzen kann, daß Tod hier nur noch vulgär Metapher ist und alles Elend von den souverän agierenden Körpern absorbiert wird. Wer die Nähe zum Faschismus bei solchen Gruppen in irgendwelchen Textzeilen oder Interviewpassagen sucht, ist immer schon auf der falschen Fährte. Sie manifestiert sich viel subtiler und zugleich viel offensichtlicher auf der rein ästhetischen Ebene – in einer Gleichsetzung des Harten mit dem Souveränen, in der völligen Ausblendung von Schwäche, Zweifel und Gebrochenheit. Im schönen Krieg, der da gespielt wird, kommen die Opfer nicht vor. Das unterscheidet die neue, nicht nur deutsche, sondern internationale Rock-Härte vom Punk, von jenem pubertären Punk, wo diejenigen, die kriegerisch auftraten, immer auch zu erkennen gaben, selbst Opfer zu sein. »Good evening, we are VICTIMS FAMILY«, lautete die Ansage einer gleichnamigen Band.

»Für ihn sei Pop Stailinismus, meinte Biller, es ginge nur um Ausschließungsmechanismen, darum, wer zur Gemeinde gehöre und wer nicht: ›Für mich ist das Nazizeug.‹«

Harald Jähner: »95 Prozent Papierleichen«, in *Berliner Zeitung*, 4.4.2000

Epilog

Alles war nur Mode

Pop und Politik – Gregor Gysis neues Buch bei *Amazon.de*:
»Schön ist, dass Amazon eine Liste mit dem Namen ›Kunden, die dieses Buch gekauft haben, haben auch diese CD gekauft‹ führt. ›Reveal‹ von R.E.M., na gut. An zweiter Stelle: ›Mutter‹ von Rammstein. Dann ›Reptile‹ von Eric Clapton, ›Deutsche Schlager‹ von Manne Krug bzw. ›Schlafstörung‹ von dito und ›Best of Marius Müller-Westernhagen‹. Marilyn Manson schaffts immerhin auf den vorletzten Platz. Kann man mehr über deutsche Leser erfahren als von dieser Liste? Jammerpoppigkeit, Bück-dich-Philosophie, Aufdringlichkeit, Idiotensound mit einem Schuss Satanismus geht in ihren Köpfen um! Danke, Gregor Gysi, das haben Sie ermittelt.«

Jürgen Kiontke, in *Jungle World* 37/01

Joe Strummer, Sänger von THE CLASH, ließ sich im Sommer 2001 von Campino, dem Sänger der TOTEN HOSEN, interviewen, veröffentlicht im Magazin der *Süddeutschen Zeitung*. In diesem Gespräch erklärt Strummer alles Politische an THE CLASH nachträglich zu einem bloßen Style-Phänomen: »Punk war Mode. Politisch zu sein war Mode. In einer Punkband zu sein war in Mode.« Diese Lesart widerspricht jener pubertären Befindlichkeit, die ich Punk im vorausgegangenen Kapitel unterstellt habe, denn wenn Strummer recht hätte, wäre auch noch die Haltung, sich als Opfer der Gesellschaft zu stilisieren, ein bloß der kapitalistischen Logik entsprungener Effekt, durch das ›Dagegen‹ an Attraktivität zu gewinnen, der Tatsache verdankt, daß es zu einer bestimmten Zeit »sexy« und »cool« rüberkam, sich als unterdrückt zu präsentieren.

Pop als Strategie, zu den jeweils Coolsten zu gehören, sich als temporäre ästhetische Avantgarde aufzuspielen, hat schon viele Positionen eingenommen, vom Image des Halbstarken über den linken Outlaw bis zur Scheinaffirmation der frühen Achtziger, und ist erst heute – folgt man Strummers Argumentation – in der gesellschaftlichen Mitte angekommen, in der Pop zugleich seinen Avantgarde-Status hat verlieren müssen. »Den Musikern von heute«, sagt Strummer auf die Frage, warum Pop als Gegenkultur keine Rolle mehr spielt, »kann man daraus kaum einen Vorwurf machen. Die Rollen waren damals noch anders verteilt. Maggie Thatcher und Helmut Kohl waren keine Popstars, sondern natürliche Feinde der Popkultur. Das hat sich verändert. Bill Clinton war ein großer Popstar, Gerhard Schröder ist einer und Tony Blair ist von allen der größte. Es gibt ein Photo von ihm, das ihn nach einem Wochenende zeigt. In der einen Hand trägt er eine Aktentasche mit den wichtigsten Papieren der Staatsgeschäfte, in der anderen den Gitarrenkoffer seiner Fender Stratocaster. Der Kerl spielt E-Gitarre und singt in einer Rockband. Das gibt einem schon zu denken.«

Die rebellische Haltung der ausgehenden Siebziger mag bei einigen aufgesetzt gewesen und letztlich selbst dem kapitalistischen Impuls der Dazugehörigkeit entsprungen sein – das erklärt jedoch noch nicht, warum dieser Impuls des ›Dagegens‹ so schnell an Attraktivität verloren hat und danach zwei Jahrzehnte lang fast nur noch das ›Dafür‹ attraktiv erschien.

Die Tatsache, daß sich selbst Politiker anstrengen, wie Popstars zu wirken, verunmöglicht ja nicht automatisch die Bemühung, sich mit Hilfe einer Gitarre oder eines Samplers gegen den herrschenden Status quo auszusprechen. Pop als kulturelles Ausdrucksmittel für nonkonformistische Haltungen ist dadurch, daß Bill Clinton unmotivierte Unterhaltungsmelodien auf dem Saxophon spielt, noch lange nicht diskreditiert worden. Es ist im Gegenteil so, daß all die zu Pop stilisierten Politiker bislang an dem Anspruch, selbst wie Pop zu funktionieren, gescheitert sind. Im Grunde bagatellisiert Joe Strummer mit seinen Äußerungen die symbolpolitische Bedeutung, die THE CLASH einmal hatten. Er reduziert sie auf einen reinen *Fashion*-Krieg: Wären Thatcher und Kohl bereits cool und sexy gewesen, hätte es Punk gar nicht gegeben oder zumindest nicht geben müssen.

Der Befund, den Strummer über unsere Zeit stellt, stimmt allerdings zumindest im Ansatz: Die Politik ist bei gleichzeitigem Verlust von inhaltlichem Profil darum bemüht, sich über medienwirksame Personen nach Mustern der Unterhaltungsindustrie zu verkaufen.

Aber welche Form von Pop, welches Popverständnis liegt solchen Politikstrategien zugrunde? Es kommt ja nicht hin, daß Clinton, Schröder und Blair etwas Vergleichbares wie einst THE CLASH repräsentieren (einmal ganz davon abgesehen, daß mit George W. Bush eine ganz andere Persönlichkeit in die Politik Einzug erhalten hat). Hier muß noch einmal deutlich betont werden, daß der Pop-Begriff seit einigen Jahren absolut verschiedene, ja geradezu entgegengesetzte Haltungen bezeichnen kann und deswegen auch von so vielen verschiedenen Seiten umworben wird.

»Moderne Massenphänomene wie das Megaereignis, zum Beispiel Live Aid, Farm Aid usw. oder der gegenwärtige Erfolg von Springsteen haben viele postmoderne Elemente. Aber das bedeutet nicht, dass man sie als unzweideutigen Ausdruck einer völlig neuen Epoche begreifen kann. Meiner Meinung nach sind solche Ereignisse gerade durch ihre Vielfalt, durch ihre widersprüchliche Pluralität gekennzeichnet. Springsteen ist ein Phänomen, das man mit der gleichen Überzeugungskraft auf mindestens zwei diametral unterschiedliche Weisen lesen kann. (...) Die Symbole sind sehr US-amerikanisch und populistisch in ihrer Mehrdeutigkeit: Er ist sowohl im Weißen Haus als auch auf der Straße. In den sechziger Jahren musste man entweder in dem einen oder auf der anderen sein. Springsteen ist irgendwie beides gleichzeitig. Das verstehe ich unter Fragmentierung.«

Stuart Hall, in *Cultural Studies (Ausgewählte Schriften 3)*, 2000

»Die Art, in der ein junges Mädchen das obligatorische *date* annimmt und absolviert, der Tonfall am Telephon und in der vertrautesten Situation, die Wahl der Worte im Gespräch, ja das ganze (...) Innenleben bezeugt den Versuch, sich selbst zum erfolgsadäquaten Apparat zu machen, der bis in die Triebregungen hinein dem in der Kulturindustrie präsentierten Modell entspricht.«

Adorno / Horkheimer, in *Dialektik der Aufklärung*, 1947

Dialog in der *Nordsee*-Warteschlange, Mainz, Juli 2000:
– »Und, haste den Job bei der Sparkasse?«
– »Ich hatte ja voll die Panik wegen meinem Zungenpiercing. Aber die Chefin war voll cool.«
– »Wie, hastes ihr gesagt?«
– »Ach was, die hatte selber eins!«

»Wenn sich also die Linke weiterhin auf einen bloßen Aktionismus versteift oder die Kunst zur bloßen Pop-Art erniedrigt, werden wir wirklich bald keine ›Kunst‹ mehr haben. Denn den ›Rechten‹ kommen die herrschenden Pop-Tendenzen wahrlich wie gerufen. Sie werden nicht den kleinsten Finger rühren, diese fortschreitende Kommerzialisierung wieder rückggängig zu machen, sondern im Gegenteil befreit aufatmen, daß sie nicht mehr heucheln brauchen und sich mit gutem Gewissen hinter ihren Krimis vergraben können.«

Jost Hermand, in *Pop international*, 1971

In dem Maße, in dem Popkultur zur ästhetischen Folie der Anpassung an neue ökonomische Verhältnisse geworden ist (Stichwort Kontrollgesellschaft), haben sich gerade aus dem Pop-Segment heraus immer wieder Formen gebildet, die sich mit dieser Folie nicht decken lassen – Formen nebenbei, die sich immer um so geschickter zu verweigern wissen, je geschickter gleichzeitig Pop als Freiheitsversprechen des neuen Kapitalismus geworden ist.

Die alte, in den vierziger und fünfziger Jahren von Theodor W. Adorno und Max Horkheimer formulierte Kritik an der Kulturindustrie trifft heute stärker denn je auf alle gesellschaftlichen Bereiche im Sinne eines ›Diktats zum Populären‹ zu. Der scheinbar human gewordene Kapitalismus, der den eintönigen Alltag von Fabrikhallen und Stechuhren gegen eine lockere Teamwork-Atmosphäre in T-Shirt und Jeans eingetauscht hat, ist nicht zuletzt das Ergebnis von fünf Jahrzehnten Unterhaltungsindustrie. Freizeit und Arbeitswelt haben sich dem Anschein nach mehr und mehr angeglichen. Diese bloß oberflächliche Liberalisierung der Gesellschaft mit ganz und gar nicht befreitem »Keep Smiling«-Zwang resultiert aus einer bloß einseitigen Pop-Rezeption, aus der über Jahrzehnte vermittelten, aufpeitschend gut gelaunten Verbreitung von Pop durch das Formatradio beispielsweise, dessen Moderatoren den Adorno-Satz vom »Fun ist ein Stahlbad« verinnerlicht haben, ohne sich über seine Bedeutung bewußt zu sein. Hier wird (der allemal auf Namen wie Michael Jackson und Phil Collins reduzierte) Pop seit Generationen dermaßen abgeschmackt warenförmig präsentiert, daß er die Rezipienten selbst darauf konditioniert hat, Persönlichkeit mit Sexyness und Anpassung gleichzusetzen. Dieser rein formale Aspekt, mit Hilfe von Pop Konformismus zu erzeugen, der sich zugleich als sein Gegenteil zu verkaufen weiß, macht Pop auch für Unternehmen und Parteien attraktiv.

Diese Wahrnehmung von Pop, die zu dem führte, was BLUMFELD (paradoxerweise selbst eine Popband auf dem Weg ins Formatradio) »Diktatur der Angepaßten« nannten, hat in den letzten Jahren fast alle anderen Sichtweisen auf Pop und damit auch den einmal gehegten Dissidenz-Anspruch an Pop weitgehend verdrängt. Nach einem halben Jahrhundert ständig und überall präsenter Popkultur, ist Pop sowohl Massenkultur mit internationalem Anstrich geworden – global normatives Bedürfnis nach »fit, jung, sexy, schrill« – wie auch eine zeitgemäße Form der Folklore, die sich jeglichem Interesse andienen kann.

Aber geht deshalb jeglicher kritische Gehalt mit dem Moment verloren, wo Pop als dessen Ausdrucksmittel gewählt wird? Nicht unbedingt. Popmusik *an sich* läßt sich so wenig mit Kulturindustrie gleichsetzen, wie das einst Gegner des Kinos mit dem Film versucht hatten: Die Existenz von abertausenden Soaps und ›Rettet-die-Familie‹-Melodramen kann einen Godard nicht abwerten, so wenig wie die Existenz von MODERN TALKING die Qualität von Bands wie den GOLDENEN ZITRONEN relativieren kann. In beiden Fällen handelt es sich um völlig verschiedene Systeme in einem nur noch technisch vergleichbaren Segment, deren Schaltkreise einander nirgendwo mehr berühren. Das erklärt den nur scheinbaren Widerspruch, daß es möglich ist, sich einerseits gegen Pop als normative Kontroll-Ästhetik auszusprechen und andererseits in den Fällen für Pop zu plädieren, wo gerade dieses Medium besonders effektiv möglich macht, mit normativen Mustern zu brechen. Einem ähnlichen Widerspruch – und zahlreichen daraus resultierenden Mißverständnissen – sah sich bereits Walter Benjamin ausgeliefert, als er den Film in seinem *Kunstwerk*-Aufsatz als bestens geeignetes Mittel der Faschisten bezeichnete, die Massen zwar zu ihrem Ausdruck, aber nicht zu ihrem Recht kommen zu lassen – um andererseits für den Film als erste mögliche Form zu plädieren, die ein elitäres Kunstverständnis zugunsten der Unterdrückten und bislang historisch Deklassierten aufgeben *könnte.*

Die hier versammelten Texte haben gezeigt, wo und zu welcher Zeit rechte und reaktionäre Tendenzen innerhalb der Popkultur entstanden sind und welche Bedingungen zu ihrer Entstehung geführt haben. Völlig falsch wäre allerdings der Eindruck, das Medium selbst habe sich deshalb notgedrungen ins Reaktionäre gekehrt. In diesem Herbst sind zum Beispiel zwei Platten auf den Markt gekommen, die deutlich machen, daß es noch immer möglich ist, sich mit den Mitteln der Popmusik unmißverständ-

»Für mich bedeutet Pop in erster Linie einen produktiven Umgang mit bereits vorgefundenen Oberflächen, also: Samples, Zitate, Verweise. Von daher bin ich auch ein durch die postmoderne Popgeschichte – also alles, was nach ROXY MUSIC passierte – sozialisierter Mensch, der nie das Authentische, nie die Selbstverwirklichung, den ganzen Mythos des Ejakulierens in der Rockmusik, für sich relevant fand, sondern eher Pop als Rock. Von daher lege ich eben auch großen Wert auf das Uneigentliche, Vermittelte.«

Thomas Meinecke, FSK-Sänger, zitiert nach Johannes Ullmaier: *Von Acid nach Adlon und zurück*, 2001

lich (oder auch: ironisch Mißverständnisse erzeugend) gegen vorherrschende, konformistische Pop-Modelle zu richten. Beide Bands, auf der einen Seite DIE GOLDENEN ZITRONEN aus Hamburg, auf der anderen Seite MUTTER aus Berlin, wählten dazu ganz verschiedene Ansätze: Die Musik der GOLDENEN ZITRONEN setzt auf das Prinzip von Collage, Zitat, Montage, linke Dekonstruktion; MUTTER dagegen bleiben nicht nur eigenweltlich und homogen, sondern wagen sogar das scheinbar längst Unmögliche, mit den Mitteln brachialer Rockmusik eine gebrochene, uneindeutige Stimmung zu erzeugen.

Keinen General aufkommen lassen. DIE GOLDENEN ZITRONEN und MUTTER im Wettstreit ums bessere Leben

Auf *Schafott zum Fahrstuhl*, der neuesten GOLDENE ZITRONEN-Platte, befindet sich eine der schönsten, klügsten deutschsprachigen Songzeilen der letzten zwanzig Jahre: »Wer mit zwanzig kein Anarchist gewesen ist, aus dem wird nie ein guter Demokrat.« Dieser Satz aus dem Song »Bluejodel für Herbert Wehner« wurde erstmals 1984 veröffentlicht, also lange vor Joschka Fischers Karriere und der mit ihr einhergehenden Diskussion um seine Vergangenheit. Geschrieben wurde der Song von FSK; die Neuinterpretation durch die GOLDENEN ZITRONEN markiert seine Aktualität und unterstreicht außerdem, daß sich in Deutschland seit den frühen Punk-Tagen zwar musikalisch einiges, politisch dagegen kaum etwas geändert hat: »Und wer sich über Militärs und Kaufmannsgeist beschwert, wird dann zum Bürokraten wohl bekehrt.«

»Und dann fragt man sich da noch: Wer soll eigentlich wo raus? Raus aus wo und rein worin? Rein und raus und raus wohin, wer soll eigentlich wo raus und rein wohin. Wat solln die Nazis raus aus Deutschland, wat hät denn des für a Sinn – die Nazis könne doch net raus, denn hier gehörn se hin.«
DIE GOLDENEN ZITRONEN, Textausschnitt aus »Flimmern«, auf *Schafott zum Fahrstuhl*, 2001

Zugleich werden FSK von den GOLDENEN ZITRONEN natürlich auch als Referenz zitiert, nämlich als eines der wenigen Beispiele für konsequente Unvereinnahmbarkeit. Ähnlich wie die GOLDENEN ZITRONEN selbst, berufen sich FSK auf eine postmoderne Tradition der Popmusik, also auf eine zitathaft vermittelte Herangehensweise, die sich inhaltlich jedoch stets gegen den beliebten Vorwurf von ›postmoderner Beliebigkeit‹ behauptet. Die Verfahren, Eindeutigkeit aus Uneindeutigem zu ziehen, entspringen, so postmodern sie im Pop-Kontext auch erscheinen, dem Montageprinzip der Moderne. Eines steht dabei fest: Wenn sich die CDU, wie auf der *PopKomm 2001* angekündigt, demnächst im Bundestag während einer Plenarsitzung mit dem Thema Pop- und Rockmusik beschäftigen wird, um zu signalisieren, eine »moderne Partei« zu sein, wird der Name der GOLDENEN ZITRONEN mit Sicherheit nicht fallen. Deren Begriff von Moderne ist nämlich weit von der Modernität unserer Volksparteien entfernt.

Moderne bei den GOLDENEN ZITRONEN bedeutet, daß die Band zu so etwas wie dem Berliner Ensemble mit zeitgemäßen Mitteln geworden ist, eine Brechtsche Aufklärungsmaschinerie, nach dem Prinzip der Montage arbeitend und damit weit vom überkommenen Modell einer Rockband entfernt. Nicht nur die ständig wechselnde Besetzung zielt da auf die Idee des Kollektivs, sondern vor allem die ganze Art des Songwritings wehrt sich gegenüber jeglicher personeller Zuschreibung. Die Stücke auf *Schafott zum Fahrstuhl* sind bewußt heterogen, ein Flickwerk, musikalisches Äquivalent zu Walter Benjamins Methode der Geschichtsschreibung im *Passagen-Werk*: Eine Ansammlung von Stimmen, Positionen, Quellen. Innerhalb der Songs kommen mehrere Sprecher zu Wort, und auch die Musik besteht aus einem äußerst fragilen Patchwork, das seine zahlreichen Quellen nicht verbirgt, sondern als Zitate offenlegt – darunter Punk, Endsiebziger-Wave, Funk, Soul und Glamrock. Als Flickwerk benutzen die Texte keine lineare Sprachebene – ständiger Wechsel ins Englische und in Dialekte wird zum formalen Kniff, Sprache nicht als Ausdruck von Identität auszuweisen.

Als Ernst Bloch in *Erbschaft unserer Zeit* davon schrieb, daß die Montage auf künstlerisch-formaler Ebene dazu beitragen kann, Krise und Zerfall des Kapitalismus zu verdeutlichen, klang das, als hätte er bereits die GOLDENEN ZITRONEN gehört. Um die Krise zu vergegenwärtigen, nutzen sie die zerrissene Form auf *Schafott zum Fahrstuhl* gerade als Mittel inhaltlicher Eindeutigkeit, ja Präzision, auch darin der Brechtschen Dialektik sehr nahe: Die vielen, sich widersprechenden und überlagernden Stimmen

»Vergangenes historisch artikulieren heißt nicht, es erkennen ›wie es denn eigentlich gewesen ist‹. Es heißt, sich einer Erinnerung bemächtigen, wie sie im Augenblick einer Gefahr aufblitzt. Dem historischen Materialismus geht es darum, ein Bild der Vergangenheit festzuhalten, wie es sich im Augenblick der Gefahr dem historischen Subjekt unversehens einstellt. Die Gefahr droht sowohl dem Bestand der Tradition wie ihren Empfängern. Für beide ist sie ein und dieselbe: sich zum Werkzeug der herrschenden Klasse herzugeben. In jeder Epoche muß versucht werden, die Überlieferung von neuem dem Konformismus abzugewinnen, der im Begriff steht, sie zu überwältigen.«

Walter Benjamin, in *Über den Begriff der Geschichte*, 1940

»Man ist auch als Linker abhängig von Stimmungen. Von ganz fiktiven Stimmungen, die einfach so auf einen niederprasseln, als eine Tabula Rasa, die in dem Lied ›Flimmern‹ beschrieben wird. Das konnte ich beim Grenzcamp erleben. Weil letztes jahr der ›Aufstand der Anständigen‹ ausgerufen wurde, war man plötzlich das ›gute Deutschland‹, da konnte man sich noch so bemühen, rumzurandalieren. Dieses Jahr waren wir wieder die ›linken Chaoten‹, genauso wie 1999. Man wird medial so hoch- und runtergespült, ohne daß man das Gefühl hat, man könnte etwas mitbestimmen.«

Ted Gaier, DIE GOLDENEN ZITRONEN, im Interview mit der *jungen Welt*, 21.9.01

münden nicht in Relativismus, sondern lösen sich am Ende auf in einem (hier allerdings pathosfreien) Ruf nach Befreiung.

Montage ist hier zum Mittel geworden, all jenen Pathos auszuschließen, der die gegenwärtige Rock- und Popwelt von RAMMSTEIN, BÖHSE ONKELZ, TOTE HOSEN bis MODERN TALKING bestimmt. Gegen das ödipale und zugleich misogyne *Mutter*-Getrommel von RAMMSTEIN setzen die GOLDENEN ZITRONEN auf *Schafott zum Fahrstuhl* gleich in mehreren Songs auf ein ganz anderes Mutterbild, auf eine Post-68er-Version der Mutter Courage: In »Von der Schwierigkeit, die Regierung stürzen zu wollen«, der Neueinspielung eines ZITRONEN-Klassikers von 1990, erklärt die Mutter ihrem Sohn: »dies ist ein Terrorregime«; ergänzt von der bereits erwähnten FSK-Coverversion, die direkt darauf folgt und in der wiederum die Mutter ihren Sohn in die Gesetze der Politik einführt.

Die GOLDENEN ZITRONEN sind damit die momentan vielleicht einzige politisch linke Band, der Slogans und klare Gesinnungs-Ästhetik nicht genügen, da sie die dem Medium immanenten Lügen kennen. Sie mißtrauen fast allen Vereindeutigungen, denn sie wissen, daß die einstigen Wege, sich als widerständig abzugrenzen – Punk eingeschlossen – selbst nur noch der konservativen Verhärtung dienen. Daher auch stilistisch die ständige Reibung mit Soul, Disco und Glam, immer auf der Suche nach geeigneten Brüchen, um das Publikum nicht in falscher Bequemlichkeit zu wiegen. Formal mit Mitteln der klassischen Moderne arbeitend, sind die GOLDENEN ZITRONEN damit innerhalb des Betriebssystems Pop zugleich postmodern im aufklärerischen Sinne. Dem Publikum, das über Bands wie TON STEINE SCHERBEN und SLIME sozialisiert wurde, machen sie es nicht leicht. Aufklärung, verdeutlichen sie, findet nicht automatisch mit dem Hissen der roten Fahne statt, sondern setzt zuerst die Loslösung von jeglicher Identifikation voraus. »Es geht gut, liebe Mutter«, singen sie, »mach dir keine Sorgen, die verdammte Welt schiebt ihr Wägelchen ja doch weiter durch den Kalender / Immer diese Widersprüche – und manchmal auch die Selbstzweifel, aber vor allem diese Widersprüche und dann noch mehr Zweifel, sie quellen schon aus allen Ritzen, und noch mehr Zweifel, Widersprüche, Widersprüche.« Die Band, die vor siebzehn Jahren als vergleichsweise eindeutige Punkcombo begonnen hatte, gehört inzwischen zu den wenigen, die den im Pop vorherrschenden Eigenschaften von Eindeutigkeit und Selbstbewußtsein widerstehen, die keinen General in sich aufkommen lassen, wie das bei Deleuze/Guattari einmal hieß: »Zieht Linien, setzt nie einen Punkt!«

MUTTER bewirken mit ihrer Musik ähnliches und gehen doch ganz anders vor. Zugegeben: Es ist Zufall, daß ihr Bandname mit dem Titel der jüngsten RAMMSTEIN-Platte identisch ist, denn MUTTER gibt es unter diesem Namen bereits seit fünfzehn Jahren. Und doch meldeten sie sich 2001 mit einer brachialen, geradezu teutonisch brachialen Platte zurück, die den nicht minder vollmundig brachialen Titel *Europa gegen Amerika* trägt. Die Beats klopfen tumb und hölzern, und die Gitarre verbreitet eine dumpfe, ganz und gar dunkle Stimmung. Das erinnert an alten Pogo made in Germany, wo selbst noch Punk nach Marschrhythmus klang, etwa bei ABWÄRTS, deren Platte *Der Westen ist einsam* so positive Botschaften wie »Beim ersten Mal tut es immer weh / und manchmal tut es nur noch weh« enthielt. Ein bißchen von dieser Boheme-Verzweiflung, dem apokalyptischen Chic aus dem Berlin der frühen Achtziger, hat die Hauptstadt-Band MUTTER ins neue Jahrtausend gerettet. Ihr Soundtrack zur Neuen Mitte läßt keinerlei falsche Heimeligkeit aufkommen, sondern kehrt Verdrängtes und Halbverdautes nach oben. Und das ist gut so. Vor allem: So, wie MUTTER das machen, auch gut gemacht. »Wir fühlen uns absolut keiner Schule oder Band verbunden«, schütteln Sänger Max Müller und Schlagzeuger Florian Koerner von Gustorf unisono den Kopf, als ich sie frage, ob sie sich denn mit dem auseinandergesetzt haben, woran vergleichbare Band wie DIE GOLDENEN ZITRONEN und KNARF RELLÖM ISM gerade arbeiten. »Während Hamburg so eine Art Dorf ist, wo alle sich ständig austauschen, arbeiten wir völlig isoliert«, sagt Max Müller und setzt noch einen drauf: »Diese Eindeutigkeit, mit der viele andere Bands arbeiten, versuchen wir ja gerade zu vermeiden. In unseren Stücken kommt nie nur eine Position zu Wort,

»Bei ›Widersprüche‹ ist der Zweifel jetzt quasi psychologisch in einem selber drin – in der Erstarrung. Es geht um Widersprüche, die man in sich selbst hat. Im Trikont-Kontext ist man zum Beispiel als Käufer von irgendeinem Sportschuh Teil des Ausbeutungsverhältnisses – und zwar als Ausbeuter oder als jemand, der Ausbeutung unterstützt. Und gleichzeitig ist man mit dem gleichen Turnschuh vielleicht in Genua und demonstriert gegen die Ausbeutung.«

Ted Gaier, DIE GOLDENEN ZITRONEN, im Interview mit der *jungen Welt*, 21.9.01

»Also erklärst du
Probleme dieser Welt
Sagst was zu tun ist
Aus deiner Welt heraus
Ist klar was zu tun ist
Du lernst schnell
Das Schwarz das Weiß zu
unterscheiden
Grau ist keine Farbe

Krieg ist vorbei
Ein neuer beginnt
Dort sind die Opfer
Zeig du mir die Feinde
Krieg ist vorbei
Ein neuer beginnt
Dort sind die Feinde

Probleme dieser Welt
Auf deinem Rücken
ausgetragen
In einem Augenblick
Wo du zu erkennen glaubst
Keinen Standpunkt zu haben
Ist Schwäche der anderen
Zu schwach zu erkennen
Was du zu erkennen
glaubst.«

MUTTER: »Krieg ist vorbei«, auf *Europa gegen Amerika*, 2001

sondern verschiedene Positionen treffen aufeinander und zeigen, daß die Welt gar nicht so einfach zu erklären ist, wie viele das gerne hätten.«

Wem das nach Relativismus riecht und wer im Titel schon neurechte Tendenzen einer antiamerikanischen Kulturhegemonie Europas wittert, der geht genau dem auf den Leim, was die vermeintliche Härte bei MUTTER ausmacht: ständig Ambivalenzen zu erzeugen, hinter jede Frage noch ein weiteres Fragezeichen zu setzen. Mit dieser Assoziationskette treten MUTTER etwas los, was im Pop hierzulande selten geworden ist: ernsthaftes Nachdenken über Deutschland und deutsche Befindlichkeit. »Nachdem du gesehen hast, was du sehen wolltest / vergißt du es oder du machst ein Photo«, lauten die ersten Textzeilen dieser Platte, »damit du dich später erinnern kannst: Wir waren niemals hier.« Schon nach diesem einen langen, mehrfach gedrehten Satz ist man völlig in der Sprachwelt von Max Müller gefangen. Die Aussage dieser Zeilen ist nicht eindeutig, aber nach mehrfachem Hören habe ich mich entschieden, *Europa gegen Amerika* als eine Art durchgängigen Deutschland-Kommentar zu lesen, was insofern legitim ist, als daß alle Texte laut Max Müller »sich auf das beziehen, was ich hier in irgendeiner Form erlebe«.

So seltsam es klingen mag, aber der ebenso panisch abweisende wie mit Bestimmtheit gesungene Refrain »Wir waren niemals hier« läßt mich, je öfter ich ihn höre, an die Debatte um Martin Walser denken und von ihr aus an all die Auschwitz-Leugner und Verdränger, die trotz der Existenz von Photos nur sehen, was sie sehen wollen. Das ist, zugegeben, eine ziemlich gewagte Lesart. Vielleicht hatte Max Müller ja, als er diese Zeilen schrieb, ein ganz anderes, womöglich niedlich groteskes Bild vor Augen, vielleicht japanische Touristen auf dreitägiger Photoreise durch Deutschland. Daß einem jedoch bei MUTTER sehr leicht die drastischsten, dunkelsten Assoziationen einfallen, liegt an der Schwermut ihrer gleichzeitig martialischen Musik. MUTTER funktionieren damit wie das Gegenstück zu RAMMSTEIN: Wo diese mit sehr ähnlichen Mitteln Triumph erzeugen, klingen MUTTER nach bohrendem Zweifel. Die musikalischen Mittel sind eben nur ähnlich, nämlich in beiden Fällen auf Gewichtigkeit ausgerichtet. Bei

MUTTER fehlt dagegen nicht nur die Metal-Gitarre, sondern auch jegliche triumphale Geste im Vortrag. Max Müller gellt sich gehetzt durch die Texte, verwundbar, ängstlich, jungenhaft, eben nicht wie ein Krieger, sondern wie jemand, der sich auf der Flucht befindet.

Das geballte »R«, das RAMMSTEIN zum signifikant deutschen Buchstaben erhoben haben, taucht auch im Refrain von MUTTERs »Reifen rollen« auf, einem Song, der wiederum von Verdrängung handelt, ohne sich dabei deutlich auszudrücken: »Vergessen was gestern war / rollen Reifen durch Deutschland / zu den Menschen, um ihnen zu geben, wonach sie so lechzen / und der Schmerz von gestern ist heute noch viel besser, als er gestern war.« Wie ein Werbeslogan verkündet eine Zeile »Reifen rollen zu dir«, doch das, was da als Versprechen und Verheißung ausgesprochen wird, klingt zugleich wie eine Drohung. Zu bohrend monotonem Baßlauf im Stil alter SWANS oder THE FALL bleibt auch dieser Text völlig uneindeutig und zugleich ganz ohne Wertung deutsch wie die einst von KRAFTWERK besungene »Autobahn«, allerdings mit einem Unterton ganz und gar nicht patriotischer Verstörung. Welche Reifen sind da gemeint: jene, die über die von den Nazis neu erbauten Autobahnen gen Frankreich rollen, oder die der Alliierten, die von Ort zu Ort Kaugummis verteilten, bis sehr schnell vergessen war, »was gestern war«? Von den Alliierten handelt auch »Damals in Berlin«, die einzige Coverversion auf *Europa gegen Amerika*, die einem Nachkriegsschlager mit den Zeilen »und ist die Stadt auch heut nicht frei / Kinder, in 50 Jahren ist alles vorbei« ganz neue Bedeutung verleiht. Geradezu perfekt gelöst, wird dieser Berlin-Nostalgie-Schlager ausgerechnet von einer Nummer abgelöst, die ganz russisch mit Streichern in Schostakowitsch-Manier beginnt und verkündet: »Krieg ist vorbei, ein neuer beginnt / von dem du nie erfahren wirst«. Deutlicher läßt sich eigentlich der Kern gar nicht mehr ausdrücken, um den sich alles auf *Europa gegen Amerika* dreht – ein sehr deutscher Stoff aus Lüge, Schuld, Leugnung und permanentem Neuanfang mit blutbefleckten Händen. Auch wenn MUTTER sich selbst wohl nicht ausdrücklich als linke Band bezeichnen würden, sind sie doch, dialektisch betrachtet, so etwas

»Mit der Spaßgesellschaft ist es ja nun Essig, verkünden das Feuilleton der FAZ und Peter Scholl-Latour. Keine Unverbindlichkeiten, keine Mehrdeutigkeiten, kein Spaß an der schönen Oberfläche mehr. Auf der richtigen Seite des Clash of Civilisation die Fahne schwingen, das sei die Aufgabe für die kommenden Jahre. (...)
In ›Tristesse Royale‹, dem Manifest der fünf Popliteraten, gab einer der Gesprächspartner zu Protokoll, wenn wir jetzt den August 1914 hätten und in Oxford säßen, wäre er der erste, der sich freiwillig meldete. Okay. Nun ist der Spaß vorbei, wir haben Berlin und den September 2001. Wer meldet sich freiwillig?«
Jungle World, 19.10.01

»Hier spricht euer Kaiser
aus dem Krisengebiet
Das sich wie Napalm
über den Erdball zieht
Der Süden ist heiß
und von Seuchen zersetzt
Der Norden ist feucht
und von den Russen besetzt
Der Westen ist einsam,
nur von Batman bewohnt
Der Westen ist einsam
und der Osten ist tot
Und zum Überleben
empfehle ich euch
Besorgt euch noch heute
Pistole und Dolch
Und zum Überleben
empfehl ich alsdann
Seid nett zueinander und
zieht euch warm an.«

ABWÄRTS: »Affentanz«, auf *Der Westen ist einsam*, 1982

wie die Antithese zur »Neuen Deutschen Härte« geworden, was absolut als Lob gemeint ist: Überall dort, wo MUTTER nach Deutschland klingt und von Deutschland spricht, ist die Stimme der Aufklärung, nirgendwo Verklärung zu vernehmen. Wo die GOLDENEN ZITRONEN mit Distanz arbeiten, sich selbst in einer Art ständigem Kommentar kontextualisieren, fordern MUTTER die Nähe, benutzen den Zoom, das genaue Hinsehen auf verbrannte Erde. Zwei unterschiedliche Herangehensweisen mit ähnlichem Effekt: Unwohlsein als heilsame Erfahrung.

Wo MUTTER selbst stehen, welche Position sie einnehmen, lassen sie dabei bewußt offen. Gemäß der Max-Müller-Maxime, »daß es toll ist, wie sich meine Texte weiterentwickeln und Deutungen mit sich bringen, an die ich nie gedacht hätte«, transportiert hier die Stimmung der Musik mindestens so viel wie die Texte, gerade dadurch, daß das Brachiale und die Zweifel in Widerspruch zueinander treten. Um sich gegenüber Fehlinterpretationen zu schützen, gibt es dann aber doch auch Momente eindeutiger Positionierung: »Eltern mit Geld ohne Ende / in einer Zeit, wo man zeigte, was man hatte, was man war / exklusive Jagd in Afrika / Trophäen im Herrenzimmer / Nacktpartys am eigenen Pool / mit der ausgelassenen Elite / zu der Musik der Jugend als Dekadenz«. In diesem Schreckensbild, das Südafrika-Nazis mit der jungen hedonistischen Pop-Jugend unserer Tage zusammenführt, taucht abermals der Verblendungszusammenhang auf, von dem die MUTTER-Platte unentwegt Lieder singt: Glück, Macht und Besitz finden sich immer nur dort, wo Unglück, Armut und Unterdrückung der anderen ausgeblendet werden. »Wer denkt schon an Afrika?«, zieht Max Müller, nach »Der Krieg ist vorbei« gefragt, die Augenbrauen nach oben: »Immer ist überall auf der Welt Krieg, aber einen Großteil der Kriege nehmen wir deshalb nicht wahr, weil sie für uns ganz weit weg sind und wir das Gefühl vermittelt bekommen, daß sie uns nichts angehen.«

»Hoch zu Roß, den
Bundesgeier angewandt
Herrenreiter haben
wieder zu sagen im Land
Schwarz –
der Himmel unsrer Zukunft
Rot –
die Erde der Vergangenheit
Gold –
die Zähne unsrer Väter.«

MITTAGSPAUSE: »Herrenreiter«, 1979

»Seit Bush gibt es wieder klare Gründe, gegen Amerika zu sein«, erklärt Florian Koerner von Gustorf an anderer Stelle im Gespräch, das eine gute Woche vor den Ereignissen des 11. September stattfand, denkt einen Moment nach und wendet schließlich ein: »Obwohl es ja auch erschreckend ist, daß Bill Clinton den smarten Pop-Präsidenten verkörpert hat und gerade dadurch davon hat ablenken können, daß unter ihm die Todesstrafe genauso selbstverständlich praktiziert wurde.« Dieses falsche, der Verblendung dienende Pop-Verständnis läßt MUTTER nicht resignieren. Im Gegensatz zu Joe Strummer arbeiten sie allemal in einem Kontext, der es schwer hat, je zur Mode zu werden.

Bessere Zeiten klingt gut

Sind DIE GOLDENEN ZITRONEN und MUTTER Zeichen für einen Wandel und eine neue politische Sensibilität im Umgang mit Text und Musik? Zugegeben, beide sind weder junge noch neue Bands, und beide haben keine große Lobby außer der, seit Jahren mit dem Erscheinen einer neuen Platte von Kritikern quer durch alle Presse – inzwischen selbst die bürgerliche – gelobt zu werden. Dies bringt nicht viel ein. Die deutschen Charts werden im Gegenteil nach wie vor von einer Band bestimmt, die fast alle Kritiker absichtlich, im taktischen Irrglauben, deren potenzielle Fans würden ihre Blätter lesen, totschweigen, nämlich DIE BÖHSEN ONKELZ. Wem dieser Befund zu sehr auf Deutschland fixiert ist, der wird in den USA mit EMINEM ein ähnliches Phänomen finden, alleine, daß der nicht totgeschwiegen wird, sondern gefeierter Bestandteil des ganz normalen pluralistischen Wahnsinns ist. Andere wiederum geben zu bedenken, daß Bands wie DIE GOLDENEN ZITRONEN gerade aufgrund ihrer Komplexität und ihrer Weigerung, einfache Lösungen anzubieten, nur noch ein kleines Publikum, sozusagen eine Elite, ansprechen. Die Stimme der Reaktion hat es da leichter, denn sie bedient sich der einfachen Mittel des Pop – genauer gesagt: macht es sich beim Musizieren sehr einfach –, um im Publikum die ebenso einfachen Bedürfnisse nach einem »Wir« zu befriedigen. Eine Fähigkeit, die früher auch einmal linke Bands wie TON STEINE SCHERBEN ausgezeichnet hat. BRITTA, die Nachfolge-Band der LASSIE SINGERS, nebenbei auch eine Band mit zum Teil ausgezeichneten, Ambivalenz erzeugenden Texten, erntet noch heute den größten Applaus, wenn sie als Zugabe eine Coverversion der SCHERBEN

»Wir saßen bei DJ Holzbank
Und ich fragte dich
Was du glaubst ob der Mond
Eher rechts oder eher
links ist.

Und du antwortetest so
clever und subtil
Und mir fiel auf daß mir
so viel mißfiel:
Daß dich meine Kategorien
nicht interessieren
Daß du sagst es sei out
Klassenunterschiede
zu thematisieren.

DJ Holzbank und DJ Barstuhl
Der Mond du und ich

Das Gespräch verlief
im Weiteren
Nicht gut nicht wahr
nicht schön
Und zum Glück hat
uns dabei
Keiner zugesehn
Nur DJ Holzbank
saß dabei
Doch ich glaube
der hält dicht
Und den Mond den
alten Linken
Interessiert das
Thema nicht«

BRITTA: »DJ Holzbank«,
auf *Kollektion Gold*, 2000

»Endlich sind die Terroristen weg und es herrscht Ordnung, Ruhe und Frieden.
Das bißchen Gesindel, das noch in den Knästen steckt tut sowieso keinen mehr interessieren.

Nun kämpfen die Menschen nur noch für Hunde und Benzin
Folgen Jürgen und Zlatko, doch nicht mehr Baader und Ensslin.
Die, die Unheil und Armut und Krankheit verbreiten,
Für sie herrschen sorglose Zeiten, da kein bißchen Sprengstoff sie daran hindert, ihre Geschäfte zu betreiben.

Endlich haben sie keine Angst mehr, verkaufen fröhlich ihre Panzer.
Jeden Tag sieben Kinder abschieben
Und dann zum Essen mit dem Kanzler.

Endlich sind die Terroristen weg und es herrscht Ordnung, Ruhe und Frieden.
Und man kann wieder sicher Mercedes fahren, ohne daß die Dinger immer explodieren.«

Jan Delay; »Söhne Stammheims«, auf *Searching for the jan soul rebels*, 2001

spielt. Zugleich ist aber auch die verführerische Einfachheit, die in den Parolen der TON STEINE SCHERBEN steckt, problematisch geworden. Die damals propagierte Direktheit und also Authentizität – Rock als Modell der Selbstverwirklichung – hat sich formal längst als reaktionär zu erkennen gegeben, ganz gleich, welche Inhalte da verhandelt werden. Die Suche nach neuen, uneindeutigen Formen, die auch rein formal, unabhängig von Text, vonstatten gehen und funktionieren können (etwa bei ›Bands‹ wie MOUSE ON MARS und AUTECHRE), hat mit sich gebracht, daß selten so viel interessante, weil Komplexität und Heterogenität erzeugende Popmusik veröffentlicht wurde wie in den letzten zehn Jahren. Um den Preis allerdings, daß das populistische Terrain fast ausschließlich dem reaktionären Backlash überlassen wurde.

Seit kurzer Zeit bildet allerdings der deutschsprachige HipHop, dem Ambivalenzen ja meistens schnuppe und plumpe Eindeutigkeiten nur recht sind, solange der Reim am Ende stimmt, eine Ausnahme. Hier haben sich inzwischen unüberhörbare Stimmen gegen den reaktionären Mainstream eingefunden. Das begann mit dem unerwarteten Charts-Erfolg von Jan Delay, einem Musiker, der mit ABSOLUTE BEGINNERS schon seit über zehn Jahren politischen HipHop spielt, ohne daß – bis vor kurzem – eine breite Öffentlichkeit davon Kenntnis nahm. Mit seinem Erfolg als inzwischen eigenwilliger Reggae-Toaster (dessen nasaler Gesang zugleich jegliche maskuline Gebärde abgelegt hat) kam ein Stein in Sachen radikaler Positionierung ins Rollen, auf den der Kurzfilm *Afrodeutsch* und das Projekt BROTHERS KEEPERS folgten.
Afrodeutsch von Tyron Ricketts handelt von einem ›schwarzen‹ Jungen in einer österreichischen Kleinstadt (der Begriff ›schwarz‹ wurde bewußt gegen ›afrodeutsch‹ eingetauscht, was vor dem Hintergrund, daß der Film in Österreich spielt, eine wohl gewollt eigenartige Note bekommt) und der rassistischen Hetze, der er dort alltäglich ausgeliefert ist. Es ist ein sehr reflektierter Film, der nicht nur den rassistischen Alltag wiedergibt, sondern auch in seinem Verlauf aufdeckt, wie Rassismus in der westlichen Gesell-

schaft kulturell kanalisiert und damit schleichend fortgeschrieben wird. Das ›positive‹ Bild des Schwarzen, reduziert auf den »Eddie-Murphy-Imitierer«, den »Drogendealer« und den »Baseball-Spieler«, trägt dazu bei – wie *Afrodeutsch* zeigt, indem der Film auch die Tagträume des Gehetzten einfließen läßt –, daß der einzelne hinter Stereotypen noch immer als ›Schwarzer‹, also als Nummer erscheint. »Du wirst auf ganz bestimmte Bereiche festgelegt«, sagt das ehemalige Photomodell Tyron Ricketts, der »seltsamerweise immer nur Aufträge für Sportswear, nie für Firmen wie *Boss*« bekommen hat. »Im Film werden Afrodeutsche fast immer als Rapper eingesetzt, als Dealer oder höchstens mal als freundliche Polizisten – dann aber sind sie automatisch schon mit dem System konform. Warum aber nicht mal ein schwarzer Arzt oder Apotheker? Es sind genau diese Klischees, die den Rassismus auf subtile Art am Laufen halten.«

Aber es gibt in *Afrodeutsch* auch optimistische Zeilen, wenn auch im leicht bitteren Bewußtsein geäußert, daß die Frage gesellschaftlicher Akzeptanz von der modischen Konjunktur abhängt:

»Das HipHop-Ding begann als Sparte / doch ich warte / Heutzutage ist der Schwarze Peter eine Trumpfkarte.«

Und doch geht es hier auch um Hoffnung, darum, daß HipHop künftig politisch vielleicht sogar breitenwirksam mehr wird formulieren können als nur den ewig defensiven, mit Bands wie den ÄRZTEN und TOTEN HOSEN geteilten, von Lichterketten gesäumten Konsens, »gegen Nazis« zu sein. »HipHop beginnt in Deutschland ja jetzt erst, sich aus der Sparte zu lösen«, erzählt Tyron, »bislang hatte er ja nur in Form von Liebeslieder-Quatsch Erfolg« (was natürlich auch auf Jan Delay und dessen »Liebeslied«-Chartbreaker gemünzt ist, der zugleich dem »Söhne Stammheims«-Jan erst die Türen zu den Funkhäusern hatte öffnen können). »TORCH hat schon 1992 ›Fremd im eigenen Land‹ gesungen, doch das wollte damals niemand hören, das war nicht massenkompatibel, wurde also nicht gespielt. Darum gibt es ja in *Afrodeutsch* auch die Zeile: ›Ob Sender das spielen ...?‹ Sie ist durchaus ernst gemeint, basiert auf ganz persönlicher Erfahrung. Über Jahre haben die Radiosender politischen Rap einfach ausgeblendet, weil sie darin keinen Markt sahen. Jetzt erst bekommen

»Das war kein Sozialismus,
Das war Spießerkram.
Wir sind nicht am Ende.
Wir fangen an.

Hey, Everybody,
Come On!«

Knarf Rellöm Ism: »Hey! Everybody«, auf *Fehler Is King*, 1999

»Die Flagge brennt
Hell lichterloh
Regierung fällt
Zum Ultimo
Hier kommt mein Colt
Pflugschar als Schwert
Schwarz Rot Gold
Gar nichts mehr wert
Das Parlament
Stürzt in den Rhein
Am Firmament
Ein Hoffnungsschein.«

FSK: »Flagge verbrennen (Regierung ertränken)«, auf *The Sound Of Music*, 1993

politische Nummern eine Chance, gespielt zu werden. Natürlich nur – sind wir realistisch –, weil diejenigen, die über den Markt entscheiden, gemerkt haben, daß das tatsächlich gehört wird, daß sich damit Geld verdienen läßt.«
Unüberhörbar, weil an zu viele bekannte Namen gekoppelt, darunter auch Xavier Naidoo, verstand schließlich »Adriano – Letzte Warnung« von BROTHERS KEEPERS, einem Zusammenschluß afrodeutscher Musiker, sich Gehör zu verschaffen. »Letzte Warnung«, die Nummer, die an die Ermordung von Alberto Adriano im Juni 2000 durch Naziskins erinnern sollte, hatte im Juli 2000 Platz fünf der deutschen Charts erreicht – und das, obwohl der Ton hier zugleich wesentlich schärfer war als in den gewohnten ›politisch engagierten‹ Blockbustern von Peter Maffay bis zu den ÄRZTEN. »Unser Rückschlag ist längst in Planung«, warnte darin, auf »Letzte Warnung« gereimt, Xavier Naidoo: »Was wir reichen sind geballte Fäuste und keine Hände« – alles andere als aus der für Naidoo so wichtigen Bergpredigt entlehnte Worte.

Bands wie FSK, MUTTER, DIE GOLDENEN ZITRONEN und KNARF RELLÖM ISM bedienen ein anderes Klientel als deutschsprachiger HipHop. Statt beide gegeneinander ausspielen zu wollen und etwa Jan Delay Sloganhaftigkeit vorzuwerfen, ist momentan wesentlich wichtiger, auf eine Summierung oppositioneller Stimmen von und an den verschiedensten Orten zu hoffen. Jede Stimme, die sich in irgendeiner Form gegen die Mentalität der Neuen Mitte wendet, ist wertvoll und unverzichtbar. Und auch noch jene, die mit zerbrechlicher Popmusik und Post-TALK TALK-Attitüde ein Gegenstück zum breitbeinigen Rock'n'Roll-Habitus bilden, dürfen hier als Gegenstimme gelten. Denn nichts ist schlimmer als jene Härte, die auf Unterwerfung baut. Stärke zu zeigen oder auch nur zu spielen, dient den gegebenen Machtverhältnissen, ist die verzweifelte Souveränität der Angepaßten, ein Gebrüll im Raubtierkäfig, das die Gitter nicht weiter stört. *Bessere Zeiten klingt gut* lautete der Titel einer *L'Age d'Or*-Compilation. Damit es nicht nur gut klingt, sondern Musik sich auch als Ausdruck möglicher besserer Zeiten unmißverständlich zu erkennen gibt, bleiben Schwäche, Zweifel, Ambivalenz und ein gebrochenes, auf Uneindeutigkeit hin ausgerichtetes musikalisches Material unabdingbar. Sie alleine sind Mittel, die Verhärteten zu verunsichern und dank einem Rest von Menschlichkeit im Pop den Verbliebenen das Gefühl zu geben, nicht ganz alleine zu sein.

Bibliographie

Pop & Politik

Behrens, Roger: »Ton Klang Gewalt. Texte zu Musik, Gesellschaft und Subkultur.« Mainz 1998, Ventil Verlag.
Texte über das Verhältnis von Pop, Klangästhetik, Kulturindustrie und Subkultur.

Behrens, Roger / Martin Büsser / Tine Plesch / Johannes Ullmaier (Hg.): »testcard # 9: Pop und Krieg.« Mainz 2000, Ventil Verlag.
Enthält unter anderem die ursprüngliche Fassung des hier überarbeiteten »Rebel In Society«-Kapitels. Zahlreiche Essays untersuchen die Schnittstellen von Pop und Krieg, unter anderem die Popularisierung und mediale Inszenierung von Krieg, aber auch kriegerische Gesten innerhalb der Popmusik.

Büsser, Martin / Jochen Kleinhenz / Frank Schütze / Johannes Ullmaier (Hg.): »testcard # 1: Pop und Destruktion.« Oppenheim 1995, Neuauflage im Ventil Verlag.
Zahlreiche Essays über kriegerische, destruktive und aggressive Phänomene innerhalb der Popgeschichte, darunter GG Allin, Industrial, Boyd Rice, Laibach, Japan Noise, Futurismus und Death Metal.

Diederichsen, Diedrich: »Freiheit macht arm. Das Leben nach Rock'n'Roll.« Köln 1993, Kiepenheuer & Witsch Verlag.
Enthält unter anderem die Buchfassung zu »The kids are not alright« und einen Text über die Rezeption postmoderner Philosophie durch die Neue Rechte am Beispiel des »Matthes & Seitz«-Verlages.

Diederichsen, Diedrich: »Der lange Weg nach Mitte. Der Sound und die Stadt.« Köln 1999, Kiepenheuer & Witsch.
Untersucht, wie Pop zum wesentlichen Bestandteil der (lokalen wie mentalen) Neuen Mitte geworden ist und zeigt damit den Wandel auf, dem der Pop-Begriff von den Sechzigern bis heute unterworfen war (Diederichsens Unterscheidung zwischen Pop [1] und Pop [2]).

Galenza, Roland / Heinz Havemeister: »Wir wollen immer artig sein ... Punk, New Wave, HipHop, Independent-Szene in der DDR 1980–1990.« Berlin 1999, Schwarzkopf & Schwarzkopf Verlag.
Hervorragende Ergänzung zum meist auf den Westen hin fixierten Blick.

Hall, Stuart: »Cultural Studies. Ein politisches Theorieprojekt. Ausgewählte Schriften 3.« Hamburg 2000, Argument Verlag.
Kurze Essays und Interviews. Gibt Einblick in das Schaffen eines der wichtigsten Cultural-Studies-Autoren und behandelt vor allem die Begriffe Ethnie und Postmoderne vorm Hintergrund populärer Kultur.

Hermand, Jost: »Pop international. Eine kritische Analyse.« Frankfurt a. M. 1971, Athenäum Verlag.
Frühe, kritische Abhandlung über Popliteratur, Pop Art und die Musik der Gegenkulturen. In Tradition der Kritischen Theorie betrachtet Hermand Pop als dem Kapitalismus dienliches Mittel, politischen Protest in Kulturelles zu transformieren und damit wirkungslos werden zu lassen.

Holert, Tom / Mark Terkessidis: »Mainstream der Minderheiten. Pop in der Kontrollgesellschaft.« Berlin 1995, Edition ID-Archiv.
Gewinnbringende Essaysammlung zum Ende klassisch strukturierter Subkulturen, zur Durchdringung von Mainstream und Underground (Stichwort: Grunge) und zum Ende linker Pop-Mythen.

Kemper, Peter / Thomas Langhoff / Ulrich Sonnenschein (Hg.): »... but I like it. Jugendkultur und Popmusik.« Stuttgart 1998, Reclam Verlag.

Kemper, Peter (Hg.): »›Alles so schön bunt hier ... Die Geschichte der Popkultur von den Fünfzigern bis heute.« Stuttgart 2000, Reclam Verlag.
Zwei Essaysammlungen, die auf einer Rundfunkserie des Neuen Funkkollegs basieren, die erste als einführende Materialsammlung, die zweite als Ergebnis der Rundfunkbeiträge. Beide geben einen ausführlichen Überblick über die verschiedensten Szenen (u. a. Rock'n'Roll, Mods, Punk, HipHop, Techno), verorten sie pophistorisch, musikästhetisch wie auch politisch und sind bei meist hohem Niveau auch für Außenstehende verständlich.

Reynolds, Simon / Joy Press: »The Sex Revolts. Gender, Rebellion and Rock'n'Roll.« Cambridge, Massachusetts 1996, Harvard University Press.
Rockgeschichte unter Gender-Gesichtspunkten. Äußerst pointiert wird dargelegt, wie sich das rebellische Outlaw-Image von Rock'n'Roll über Industrial bis Punk nur dank Ausschluß der weiblichen Seite hat entwickeln können und wie rebellische Romantik im Rock als misogyner Weg zum ›Mannwerden‹ funktioniert.

Schneider, Frank Apunkt: »Der neue Mann als ›Song‹. Über eine Ästhetik des Weichen anhand von Belle & Sebastian und deren möglicherweise neuralgischen Punkt.« In: Behrens, Roger / Martin Büsser / Tine Plesch / Johannes Ullmaier (Hg.): »testcard # 10: Zukunftsmusik.« Mainz 2001, Ventil Verlag.
Behandelt unter Gender-Gesichtspunkten, wie sich Rockmusik maskulin verhärtet hat und auf Ausgrenzungsmechanismen basiert, und fordert dem gegenüber eine »neue Weichheit« ein.

SpoKK (Hg.): »Kursbuch Jugendkultur.« Mannheim 1997, Bollmann Verlag.
Essaysammlung zu den verschiedensten Jugendszenen (Gothics, Heavy Metal u.v.m.), häufig sehr sozialpädagogisch ausgerichtet. Die Qualität der Beiträge ist äußerst schwankend, über weite Strecken herrschen Gemeinplätze vor.

Steiner, Wilfried (Hg.): »Musik Macht Politik. Ein Symposium zur gesellschaftlichen Relevanz zeitgenössischer Popularmusik.« Stuttgart 1994, Merz Akademie.
Vorträge von Diedrich Diederichsen, Günther Jacob, Thomas Meinecke/Thomas Palzer u.a., bereits vorm Hintergrund rechter Jugendkultur entstanden.

Sterneck, Wolfgang: »Der Kampf um die Träume. Musik, Gesellschaft und Veränderung.« Hanau 1995, KomistA.
Umfassende, sehr subjektiv und mit Idealismus geschriebene Geschichte subkultureller Wege in eine andere Gesellschaft; Frauen- und Lesbenmusik; Musik der ArbeiterInnenkultur; Punk/Hardcore; Industrial und Neofolk; Freejazz; HipHop u.v.m.

Ullmaier, Johannes: »Von Acid nach Adlon und zurück. Eine Reise durch die deutschsprachige Popliteratur.« Mainz 2001, Ventil Verlag.
Das aufwendig gestaltete und mit CD begleitete Buch zeigt anhand der Entwicklung der sogenannten Popliteratur Tendenzen der Auflösung alter Pop-Parameter hin zum zynischen Konformismus der jüngsten Generation von deutschen Popliteraten, mit ähnlichen Tendenzen in der Musik vergleichbar.

Witt-Stahl, Susann: »... But his soul goes marching on. Musik zur Ästhetisierung und Inszenierung des Krieges.« Karben 1999, CODA Musikservice & Verlag.
Wissenschaftliche Arbeit, die von der Militärmusik des 19. Jahrhunderts über die Rolle des Schlagers unter den Nazis bis zu Rock'n'Roll als Soundtrack in Vietnam untersucht, wie populäre Musik militaristischen Zwecken untergeordnet werden kann.

Szenen

Döpfner, M.O.C. / Thomas Garms: »Neue deutsche Welle. Kunst oder Mode?« Frankfurt a. M. 1984, Ullstein Verlag.

Gibt einen Eindruck davon, wie die Rückkehr eines neuen deutschen Selbstbewußtseins im Pop der frühen Achtziger seinerzeit rezipiert wurde.

Eberwein, Markus B. / Josef Drexler: »Skinheads in Deutschland. Interviews.« (1987) Augsburg 1995, Sonnentanz Verlag.
Sehr affirmative, dafür aber auch informative Gespräche. Enthält unter anderem ein ausführliches Interview mit den Böhsen Onkelz.

Farin, Klaus: »Buch der Erinnerungen. Die Fans der Böhsen Onkelz.« Berlin 2000, Verlag Thomas Tilsner.
Das Buch gibt sich als soziologische Studie und untersucht nicht nur das Fanprofil, sondern liefert auch eine Chronik der Band incl. Wiedergabe vieler Songtexte. Die Publikation erliegt jedoch ganz dem Faszinosum der Band und könnte problemlos von den Böhsen Onkelz am Merchandise-Stand verkauft werden ... würden deren Fans nur Bücher lesen.

Farin, Klaus (Hg.): »Skinheads. A Way Of Life. Eine Jugendbewegung stellt sich selbst dar.« Berlin 1999, Verlag Thomas Tilsner.
Auch hier schimmert die Faszination des Herausgebers durch. Skinheads geben Statements ab und erzählen von sich selbst, was immerhin einen vielschichtigen Einblick in alle Bereiche der Szene gibt.

Ford, Simon: »Wreckers Of Civilisation. The Story Of COUM Transmissions & Throbbing Gristle.« London 1999, Black Dog Publishing.
Minutiöse Rekonstruktion der Throbbing-Gristle-Geschichte und der frühen Industrial-Szene; leider ohne kritischen Ausblick auf das, was daraus geworden ist.

Grimm, Stepahnie: »Die Repräsentation von Männlichkeit im Punk und Rap.« Tübingen 1998, Stauffenburg Verlag.
Wissenschaftliche Untersuchung zum Thema.

Jacob, Günther: »Agit-Pop. Schwarze Musik und weiße Hörer.« Berlin & Amsterdam 1993, Edition ID-Archiv.
Geht der HipHop-Entwicklung vorm Hintergrund von »political correctness«, Sexismus, Ethnizität und weißer Rezeption nach.

Matzke, Peter / Tobias Seeliger: »Gothic! Die Szene in Deutschland aus der Sicht ihrer Macher.« Berlin, zweite Auflage 2000, Schwarzkopf & Schwarzkopf Verlag.
Ein Offenbarungseid der Gothic-Szene; inklusive einer argumentativ haarsträubenden Verteidigung der Apocalyptic-Folk-Szene und einer Selbstdarstellung von Josef Maria Klumb.

Mühlmann, Wolf-Rüdiger: »Letzte Ausfahrt: Germania. Ein Phänomen namens Neue Deutsche Härte.« Berlin 1999, Iron Pages Verlag.
Das bislang einzige Buch zur »Neuen Deutschen Härte«, leider argumentativ völlig unausgegoren und zu allem auch noch schlecht geschrieben, aber in Sachen vorgestellter Bandbreite äußerst akribisch erarbeitet, also zumindest als Quellensammlung (Texte, Interviewstatements etc.) brauchbar.

Mureck, Carla: »Die Hölle ist da, feiern wir das wärmende Feuer.« In: Hoffmann, Andrea / Kim Riemann (Hg.): »Partitur der Träume. Über Musik und Klänge.« Tübingen 1990, Konkursbuch Verlag.
Erster ausführlicher Überblick über die Industrial-Bewegung in deutscher Sprache.

O'Hara, Craig: »The Philosophy Of Punk. Die Geschichte einer Kulturrevolte.« Mainz 2001, Ventil Verlag.
Politische, hauptsächlich die USA betreffende Analyse von Punk und Hardcore, darunter ein Kapitel über Punk als Ausdruck von ›political correctness‹ und die Infiltration durch Nazipunks sowie ein Kapitel über Sexismus, Feminismus und Homosexualität (Queercore) in der Szene.

Savage, Jon: »England's Dreaming. Anarchie, Sex Pistols, Punk Rock.« Berlin 2001, Edition Tiamat.
Ausführliche Punk-Chronik, die Aufschluß über politische Ambivalenzen und Widersprüche gibt.

Teipel, Jürgen: »Verschwende Deine Jugend. Ein Doku-Roman über den deutschen Punk und New Wave.« Frankfurt a. M. 2001, Suhrkamp Verlag.
Enthält Interviews mit den Musikern von Fehlfarben, Der Plan, SYPH, Einstürzende Neubauten, DAF u.v.m.; gibt so einen guten Einblick in die Abgrenzungsstrategien der frühen Achtziger und

deren Spiel mit faschistischer Ästhetik.

Toop, David: »Rap Attack.« St. Andrä-Wördern 1992, Hannibal Verlag.
Noch immer das Standardwerk zur HipHop-Geschichte. Toop ist kein Autor, der Musik dezidiert politisch verortet, doch die darin geschilderten Beispiele sprechen für sich, gegen eine plastische Innenansicht der Szene.

Walser, Robert: »Running With The Devil. Power, Gender, and Madness in Heavy Metal Music.« Hanover and London 1993, Wesleyan University Press.
Mit Anteilnahme und Witz geschriebene, wissenschaftliche Analyse, unter anderem über Festschreibung von Männlichkeit und Härte-Inszenierung im Heavy Metal.

Neue Rechte, Neue Mitte und Popkultur

Annas, Max / Ralph Christoph (Hg.): »Neue Soundtracks für den Volksempfänger. Nazirock, Jugendkultur & rechter Mainstream.« Berlin & Amsterdam 1993, Edition ID-Archiv.
Frühe, Standards setzende Textsammlung über Nazirock. Enthält unter anderem ein Porträt der Böhsen Onkelz und die Chronik des »Rock-o-Rama«-Labels

Baake, Dieter / Klaus Farin / Jürgen Lauffer: »Rock von Rechts II. Milieus, Hintergründe und Materialien.« Berlin 1999, GMK.
Materialreich, aber in pädagogischem Stil.

Heller, Friedrich Paul / Anton Maegerle: »Die Sprache des Hasses. Rechtsextremismus und völkische Esoterik: Jan van Helsing, Horst Mahler.« Stuttgart 2001, Schmetterling Verlag.
Gibt Einblick in den wirren esoterischen Kosmos der Neuen Rechten.

Meyer, Thomas / Martina Kampmann: »Politik als Theater. Die neue Macht der Darstellungskunst.« Berlin 1998, Aufbau Verlag.
Zeigt auf, wie sich Politik und Entertainment als Erfolgsinszenierung einander angenähert haben.

PopScriptum 5: Beiträge zur populären Musik. »Rechte Musik.« Schriftenreihe herausgegeben vom Forschungszentrum Populäre Musik der Humboldt-Universität zu Berlin. Berlin 1995, Zyankrise Verlag.
Untersucht rechte Tendenzen, Ästhetik und Symbolik von Punk und NDW über Laibach bis zum eindeutigen Nazirock. Enthält auch einen Text über den Neonazi-Liedermacher Frank Rennicke.

Searchlight / Antifaschistisches Infoblatt (Hg.): »White Noise. Rechts-Rock, Skinhead-Musik, Blood & Honour. Einblicke in die internationale Neonazi Musik Szene.« Hamburg & Münster 1999, Unrast Verlag.
Überblick über das rechte (Rock-)Netzwerk, enthält unter anderem Porträts der Rechtsrock-Szenen in Deutschland, Schweden, Polen und den USA.

Seeßlen, Georg: »Tanz den Adolf Hitler. Faschismus in der populären Kultur.« Berlin 1994, Edition Tiamat.

Seeßlen, Georg: »Natural Born Nazis. Faschismus in der populären Kultur 2.« Berlin 1996, Edition Tiamat.
Texte über den Nazifilm und seine Kontinuität in der Nachkriegszeit; das Nazi-Bild in Comics, Science Fiction und Regenbogenpresse; Holocaust als Soap Opera; Schindlers Liste.

Register

www.ventil-verlag.de

Weitere Bücher von Martin Büsser im Ventil Verlag:

If the kids are united

Von Punk zu Hardcore und zurück

Die bislang einzige deutschsprachige Chronik des Punk von seinen Anfängen bis zum Ende der neunziger Jahre.

Untersucht werden Mode, Musik und Lebenseinstellung im Wandel der Jahrzehnte. Die detailreiche, mit vielen Zitaten illustrierte Studie spannt einen Bogen vom britischen Punk der 70er über die Hardcore-Bewegung der 80er bis zum Grunge in den 90ern und dem sogenannten kommerziellen Ausverkauf des Punk im Videozeitalter.

In der aktualisierten Neuauflage wird auch das strittige Medienspektakel um die »Chaostage« in Hannover untersucht und gefragt, inwiefern Punk als lebendige Subkultur in der Zeit der Raves und des Stilpluralismus noch eine Chance hat, als ernstzunehmende Subkultur zu überleben.

160 Seiten
10,64 €
ISBN 3-930559-48-X

Antipop

Essays und Reportagen zur Popkultur in den 90ern

Pop ist heute zur alle Bereiche des Lebens durchdringenden Modefloskel geworden.

In der zornigen Einleitung fragt Martin Büsser deshalb nach, ob Popkultur in unserer Zeit überhaupt noch Inhalte transportiert oder nur noch zur Werbung ihrer selbst geworden ist. Einzelne Essays, Interviews und Glossen zeigen auf, wie Popkultur sich seit den sechziger Jahren von einer rebellischen Kultur in eine pluralistisch bunte, häufig inhaltsleere Blase verwandelt hat, die beliebig mit »Sinn« gefüllt werden kann.

Stationen dieser Reise durch mehr als zwanzig Jahre Popgeschichte sind u. a. Gespräche mit Arnulf Meifert (Faust), Jello Biafra (Dead Kennedys) und den Melvins sowie Polemiken zu Phil Collins, Henry Rollins und der Zunft der Plattensammler.

196 Seiten
11,66 €
ISBN 3-930559-45-5

Lustmord – Mordlust

Das Sexualverbrechen als ästhetisches Sujet im 20. Jahrhundert

Der Mord aus Leidenschaft, die Zerstörung des Begehrten: Die Verkettung von Sex und Gewalt ist in diesem Jahrhundert zu einem zentralen Thema von Literatur, Kunst und Film geworden.

Martin Büsser untersucht anhand zentraler Werke, auf welche Art das Thema in den verschiedenen Epochen künstlerisch umgesetzt wurde.
Ein Schwerpunkt liegt auf den »Lustmord«-Darstellungen der klassischen Avantgarde, der Hauptteil beschäftigt sich allerdings mit der jüngsten Umsetzung des Themas, etwa in Ellis' »American Psycho«.

Der Text analysiert die Werke vor dem jeweiligen gesellschaftlichen Hintergrund, geht auf subkulturelle Phänomene und moderne Mythen (z. B. Verkultung von Serienmördern) ein sowie auf theoretische Vordenker.

192 Seiten
15,24 €
ISBN 3-930559-57-9